名家写名人

华侨旗帜

陈嘉庚

朱自强 ◎ 主编

薛卫民 ◎ 著

中国和平出版社

China Peace Publishing House

图书在版编目（CIP）数据

华侨旗帜陈嘉庚 / 薛卫民著 . -- 北京：中国和平
出版社, 2022.4
（名家写名人 / 朱自强主编）
ISBN 978-7-5137-2154-7

Ⅰ.①华… Ⅱ.①薛… Ⅲ.①陈嘉庚（1874-1961）
- 传记 - 青少年读物 Ⅳ.①K828.8-49

中国版本图书馆 CIP 数据核字 (2021) 第 202637 号

名家写名人 华侨旗帜陈嘉庚　　　　　　　朱自强◎主编　薛卫民◎著

策　　划	林　云	
编辑统筹	张春杰	
责任编辑	崔雨薇	
设计制作	弯　弯	
内文插图	一超惊人陈明贵	
责任印务	魏国荣	
出版发行	中国和平出版社（北京市海淀区花园路甲 13 号院 7 号楼 10 层　100088）	
	www.hpbook.com　　bookhp@163.com	
出 版 人	林　云	
经　　销	全国各地书店	
印　　刷	艺堂印刷（天津）有限公司	
开　　本	710mm × 1000mm　1/16	
印　　张	9.5	
字　　数	85 千字	
印　　量	1 ～ 10000 册	
版　　次	2022 年 4 月第 1 版　2022 年 4 月第 1 次印刷	
书　　号	ISBN 978-7-5137-2154-7	
定　　价	29.80 元	

序言

作家给孩子们的阅读礼物

朱自强

在儿童的课外读物中，传记文学应该是一种十分重要的门类，具有特殊的重要价值。新的《语文课程标准》已经用较为宽阔的视野，看待提高语文能力的过程，建议小学阶段的语文课外阅读量不少于145万字。那么小学生（包括初中生）的语文课外阅读读什么？当然主要是阅读儿童文学，而传记文学正是儿童文学中特殊的、重要的一种文类。

进入给儿童的传记文学的传主一般需具备这样一些条件。他们在某个领域有相当的成就、贡献；他们的生命历程具有波澜曲折；他们应该具有富于魅力的个性和独到的见解。这样的传主经过具有人生经验和智慧，富于文学才华的作家立传，无疑会给儿童读者以积极的影响。利丽安·史密斯就说："阅读历史和传记能够矫正短视的人生观。当孩子意识到自己生活的时代，只是从人类在这个地球上诞生之始到未知的将来这一漫长旅途上的一小段路程，就会产生了解其他时代、其他国度的生活的愿望。这样的阅读给予孩子内省的观点，帮助孩子学会鉴别只有一时价值的事物，学会全面的思考方法。"可以说，与一般的小说阅读相比，传记文学对儿童的成长具有更大、更深刻、更直接的影响。

孩子们阅读传记，除了求知，更希望汲取伟人的经验，来开辟自己的人生道路，为自己设定高远的奋斗目标，一本优秀传记可以让儿童的阅读生活更加快乐；同时，一本传记改变一个人一生的事例也是屡见不鲜。

传记对于儿童的精神成长具有如此重要的价值，而目前书店书架上众多的传记作品，在文学性和儿童性这两个方面还存在着很多问题。传记是文学，给孩子们阅读的传记，则应该是优秀的儿童文学。艺术性、思想性、趣味性应该成为儿童版传记所不能或缺的要素。

由中国和平出版社出版的"名家写名人"传记文学丛书，是给孩子们的一份珍贵礼物。为了打造一套高质量、高品位的儿童传记文学丛书，同时也为儿童文学的一个重要文类积累优秀成果，我特别邀请了汤素兰、程玮、格日勒其木格·黑鹤、薛卫民、徐鲁、王一梅、李东华、薛涛、李学斌、鲁冰、周晴、张洁、董恒波、余雷、管家琪、爱薇、刘东、林彦、北董、侯颖、郝月梅、顾鹰等儿童文学知名作家为孩子们创作传记，还邀请了庄志霞、赵庆庆、周宛润等作家加盟创作队伍。可以毫不夸张地说，迄今为止，在国内儿童版的传记丛书中，这样强大的优秀儿童文学作家的阵容还从未出现过。这些作家的人生智慧和艺术才华，给这套传记丛书提供了优良的品质保证，也使目前传记文学的创作，实现了艺术质量的提升。

这是作家给孩子们的一份阅读大礼。希望这些书籍成为孩子们成长道路上的良师益友。

星空上闪耀的名字

薛卫民

在无边无际的太阳系中，除了人类居住的地球，还有成千上万、无以数计的小行星。

人类用肉眼根本看不到那些小行星。即使用特殊的高倍天文望远镜，由专业的天文学家长期搜索跟踪，也只能发现其中很少的一部分。因此，每发现一颗新的小行星，都是全世界的大新闻。

也许在哪颗行星上，就有高级生命存在，也许在今后的某一天，就会成为除了地球之外我们人类新的生存空间和浪漫家园……人类从很早的时候就开始探测和研究小行星了。

那些新发现的小行星，就像新出生的婴儿，需要人们给它起名字。为此，国际社会专门成立了一个权威机构，叫作"国际小行星中心"，英文的简称是MPC，专门负责收集小行星的数据以及给新发现的小行星命名。

1964年11月9日，中国的紫金山天文台又发现了一颗新星，编号为2963。

这颗小行星与陈嘉庚有关。

1990年3月11日，国际小行星中心向全世界发布公告：要将中国在1964年11月9日发现的编号为2963的小行星，正式命名为"陈嘉庚星"！

陈嘉庚，就是我们这本书主人公的姓名。

用一个人的名字给一颗星星命名，从此那个人的名字便和小行星一起，永远地闪耀在浩瀚无边的太空中。全世界都知道，谁得到这样的待遇，谁就获得了莫大的荣誉！

能得到这种特殊荣誉的，都是为自己的祖国以及为整个人类的文明进步做出过重大贡献的人。

中国人陈嘉庚，就是那些卓越人物中的一个。

2019年5月，为庆祝新中国成立七十周年，为纪念中国人民取得的伟大成就，中共中央、国务院决定表彰"新中国最美奋斗者"，陈嘉庚便是受表彰的"最美奋斗者"之一。

陈嘉庚不是大政治家、大军事家，也不是大文学家、大艺术家，更不是爱因斯坦、钱学森那样的大科学家，为什么国际权威机构MPC要给予他那样大的荣誉，要用他的名字来给天上的一颗星星命名呢？为什么我们的国家在他去世多年之后，依然要表彰他？

因为他是遍布世界各地千千万万华侨中的旗帜，他这一生的作为都闪烁着中华民族优秀子孙的光辉！

目 录

第一章　大海在咆哮 / 001

第二章　喊螺壳 / 011

第三章　门是干什么用的？ / 022

第四章　天下的果实 / 031

第五章　"我们不是小蛮子！" / 041

第六章　司令部和大将军 / 050

1

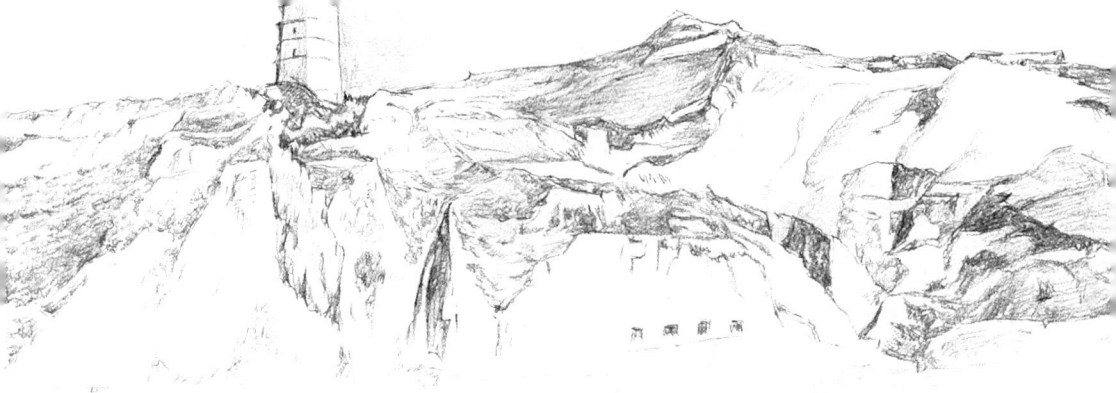

第七章　世界到底有多大？/ 064

第八章　那些远去的背影 / 073

第九章　帆樯悲歌 / 086

第十章　瘟疫像乌鸦一样到处乱飞 / 094

第十一章　沙子！沙子！/ 101

第十二章　是虫，还是龙？/ 108

第十三章　流泪的树 / 120

第十四章　蔚蓝的大海托起"中国号"/ 126

第十五章　旗帜高高飘扬 / 133

第一章
大海在咆哮

哪个国家靠着大海，哪个国家就有福了！

地球表面71%的地方是海洋。海洋中蕴藏着极其丰富的天然资源和财富。

在蔚蓝色的大海里，不仅有鱼、虾、贝类、螃蟹这些海洋动物，在看不见的海底深处，还埋藏着金、银、铜、铁、稀土、石油等被所有国家都视为宝贝的矿产资源。海底埋藏的矿产资源，比起在陆地高山峡谷戈壁沙漠下埋藏的，种类更为繁多，储量更为丰富！

海洋是一个巨大的聚宝盆。

除了这些，靠近大海还有一个巨大的优势。地球的大部分是海洋，海洋上没有高山峡谷、大漠深渊。所以，只要你有船，就能在大海上航行，这样就可以抵达世界上任意一个大洲。不用修公路、建铁路，海洋就能载着你，把你运送到每个你想去的地方！

于是，有没有出海口，有没有直达自己领土的海上之路，便成了衡量一个国家是否具有地理优势的一个重要标志。有出海口，有便捷的海上通道，就能把自己出产的好东西运送到世界各地卖掉，同时也可以把世界各地出产的好东西买回来。这就是人们所说的"海上贸易"。

海上贸易能为一个国家和地区创造巨额财富。

我们中国是有福的！

中国的东北、正东、东南、正南部都紧临大海，有长达3.5万公里的海岸线。这些辽阔的海洋是中国宝贵的"蓝色领土"。

可是，翻开近代史，我们会痛苦地发现，在相当漫长的一个历史时期里，中国广阔的海岸线给这个古老的东方大国带来的，不是幸福，而是痛苦；不是光荣，而是屈辱；不是财富，而是贫穷。外国侵略者一次又一次地对中国进行打劫、诡诈、掠夺，使半封建、半殖民地的中国长期将大量白银拱手相送。

从19世纪上半叶开始，英国就通过海路向中国大量地输送鸦片。人们吸食了鸦片后便会上瘾，上瘾之后就会进行反复吸食。大量的财富化作青烟消失，而鸦片吸食者也变得面黄肌瘦、气喘吁吁……这些人极大地污损了中国人的整体形象，西方世界用轻蔑的目光看着中国，鄙视地称中国人为"东亚病夫"。

中国清醒有为的官员、各阶层的有识之士，都奋起抵制着这种罪恶贸易，不允许中国人吸鸦片，更不允许英国的商船以经商的名义到中国贩卖鸦片。民族英雄林则徐同万千百姓一起，仅在一个多月的时间里就收缴了英国不法商人贩运到中国的鸦片200多万斤，并将这些毒品，在虎门一次全部销毁。一向骄横跋扈的英帝国主义是当时的海上一霸，它什么时候吃过这样的亏？于是，英国便制造种种理由和借口，屡屡向中国发难。这便有了"鸦片战争"。

第一次鸦片战争期间，1841年5月，英国悍然使用当时还属于"尖端武器"的大口径火炮，肆无忌惮地轰击广州。一时间广州硝烟弥漫、城摇屋倒，腐败的清朝政府不敢与英国抵抗，就派大臣向英军求和。5月27日，清朝政府与英国签订了《广州和约》，主要内容是：中国向英军缴纳广州"赎城费"白银600万两，赔偿英国商馆损失费白银30万两，清军退出广州城以外60英里……

英国勒索到巨款后，感到清朝政府的软弱可欺，在先后攻陷了中国的舟山、虎门、厦门、宁波等地之后，又强行霸占了中国的香港，接着又重兵进逼南京……清朝政府又接着与英国签订了《南京条约》，这回"赔偿"给英国的白银更多，居然高达2100万两！

被霸凌后不反击，霸凌者就会得寸进尺。第二次鸦片战争来了。

第二次鸦片战争发生在1858年6月。英、法两国联军攻陷了中国天津附近的重要军事设施——大沽炮台，锋芒直逼天津。天津与北京近在咫尺，是拱卫北京的最后一道门户，如果天津沦陷，北京必然不保。清朝被吓破了胆，赶忙派大员与侵略者"议和"。很快，在两个帝国的威胁下，清朝政府分别与英国签订了《中英天津条约》，赔偿英国白银400万两；与法国签订了《中法天津条约》，向法国赔偿白银200万两。

各地的乡勇、百姓奋起反抗英法两国强盗军队的野蛮入侵和掠夺，沿海各处都掀起了抗击英军、打击法军的浪潮。遗憾的是，他们不但得不到清朝政府的支持，还处处受到清政府的镇压，理由是怕民众的反抗"进一步激怒友邦"。

英、法帝国主义非常害怕，他们害怕中国民众反抗的烈焰越烧越高，使他们无法继续在中国的土地上横行霸道。

于是，他们再次威胁、恫吓清朝政府，再次强迫清朝就范。1860年10月，清朝政府与英国签订了《中英北京条约》，向英国赔偿军费白银800万两；同一天，与法国签订《中法北京条约》，赔偿法国白银800万两。

据不完全统计，软弱无能的清朝政府从1840年到1900年，共与各国列强签订了多达1000多份的各类不平等条约，赔款金额高达13亿两白银！

而在那个年代，全中国只有4亿人口。也就是说，仅是腐败无能、软弱可欺的清朝向列强支付的各种赔款，就需要每个中国百姓拿出2两半的白银。

据历史学家和经济学家的考证，在那个年代，中国一个农民脸朝黄土背朝天地苦干三年，也最多挣到1两白银！

中国的大海在咆哮！

中国有广袤的领土、广阔的海域，可中国为什么保卫不了自己的领土和领海？任由列强侵略和宰割？

时间到了1874年。

这一年，又一个国家开始对中国下手了。它就是日本。

有一天，琉球王国的两艘渔船在海上捕鱼时遇到飓风，漂流到了中国的台湾东岸，其中有一艘渔船获救。船上人上岸后，与当地居民发生冲突，双方各有伤亡。这件事本来与日本没有任何关系，可是日本却以"琉球王国与大日本有亲密关系"为由，搅和进来。其真正的目的，就是要侵略中国的台湾。很快，日本便以长崎为军事基地，派一个名叫西乡中道的中将，驾驶大型舰船，率领3000日本兵，进攻我国台湾。

台湾地区的高山族人民奋起反抗，英勇地反击日本侵略者。同时，也有10000多清兵先后在台湾地区登陆地区上岸，这些人与高山族民众携手并肩、相互支持、共同作战。很快就让日本侵略者进退两难，陷入他们一手挑起的熊熊烈焰之中！

日本哪肯认输？到嘴的肥肉岂能吐出来？日本既不甘心认输，同时又怕打下去全军覆没。

为了摆脱困境，日本使出了一个更为阴损的招数：它鼓动西方列强进行干预，添油加醋地在西方各国进行游说。如果西方列强不干预，清朝政府就会以"防范被扰"的名义，重新关闭我国台湾口岸。台湾地区的口岸一旦被重新关闭，不只是日本，很多的国家都不能再通过这个口岸同中国做生意了。实际上他们在暗示西方列强：你们再也不能通过中国的台湾口岸向中国贩卖毒品了，你们在中国的利益会大大受损。

英、法等西方列强被煽动起来了，他们联合起来一起向中国的清朝政府施压。同时，英国在中国的新疆不断地策动事端，俄国则乘机出兵强占了中国新疆的伊犁。一时间，不只东南沿海，西北的陆地边境也危机四伏，中国边塞、海防同时吃紧！

软弱无能的清朝再次在西方列强的威胁下低头，被迫与侵略我国台湾的日本签订了不平等条约《台事专约三款》。承认日本侵略我国台湾是"保民之举"、向日本赔偿白银50万两，以换取日本从台湾地区撤兵。

就在丧权辱国的《台事专约三款》签订后的几天，1874年10月21日，在中国福建闽南海滨的同安县集美社（今天的厦门市集美区）一个名叫"颖川世泽堂"的古老民居，降生了一个男婴。男婴的父亲是一个长年在南洋打拼的小生意人，叫陈杞柏。陈杞柏给他新出生的儿子取名为"陈嘉庚"。

同安县在福建的东南角上，集美在同安县的最南部，是一个古老而又僻静的渔村，出门就是大海。陈氏家族在元末明初时就从遥远的地方迁徙到了集美。

添丁进口是家族兴旺的标志，陈杞柏全家都很高兴，远亲近邻也来了好多前来道喜的人。谁也不会想到，这个叫陈嘉庚的男孩，日后会漂洋过海，在异国的土地上，做成轰轰烈烈的大生意，还会把源源不断的财富带回家乡，用他的心血和汗水报效祖国。陈嘉庚这一生在办实业、办教育等诸多方面，做出了一件又一件的惊人之举，成为华夏儿女中的杰出人物。在抗日战争中，为抗击日本侵略者、争取中华民族的独立解放；在解放战争中，为推翻腐败独裁的国民党统治、促进新中国的诞生，陈嘉庚都做出了非凡的贡献。毛泽东曾赞誉他为"华侨旗帜，民族光辉"，称赞他"为中国人民革命胜利做出了重要贡献"。

第二章
喊螺壳

小嘉庚的出生给陈家带来了喜悦。可是，儿子还没满月，陈杞柏就离家远行了。

陈杞柏漂洋过海去了新加坡。他在新加坡做着小买卖，一家人的各种开销都担在他的肩膀上。

现在的新加坡是一个独立国家，但在当时，它还是英国的殖民地。新加坡的位置在中国南海的西南部，由于它毗邻著名的国际海上大通道马六甲海峡，所以新加坡是个商贸特别发达的地方，非常适合做生意。当时的人们习惯把东南亚地区称为"南洋"，去新加坡等东南亚地区讨生活，叫"下南洋"。

陈杞柏的身份，用现在的话说就是"华

侨"。可在那时，像他一样漂洋过海谋生的中国人，在国外既没有"华侨"这个头衔，也享受不到现在华侨的待遇。那时的中国在国际上根本没有任何地位，是一个任人宰割、备受欺凌的弱国，保护不了自己国土上的国民，更保护不了海外的中国侨民。

当时的中国百业萧条、民不聊生。清朝对外无法抵抗西方列强的侵略，对内还要榨取老百姓的血汗钱，给外国列强赔款，以换取暂时的平安。清朝晚期时，从上到下，从朝廷到偏远小县，贪官污吏比比皆是，人民生活在水深火热之中。在这种境况下，很多靠近大海的地方，包括小嘉庚出生的福建，大量的贫苦农民、渔民、手工业者，便被迫背井离乡，到异国他乡去讨一份生计。据统计，仅在1841年到1890年不到50年的时间里，福建漂洋过海到国外谋生的人数就达到了40多万人。

小嘉庚的父亲陈杞柏就是那些人中的一个。

父亲不在，家里的一切就都要靠小嘉庚的母亲独自支撑了。她不记得陈杞柏已经离家多久了，她已经习惯了丈夫不在自己身边的日子。

小嘉庚的妈妈不但心地善良，而且下海、种田都是一把好手。操持家务的时候，她就把儿子小嘉庚用一根带子拴在床头的横框上；外出做活时，她就把儿子背在后背上。

小嘉庚一天天地长大了。

他会爬了，能牙牙学语了。

他会走了，能趔趔趄趄地跟在妈妈的身后下田了。

在妈妈的精心照料下，风吹雨淋没有让小嘉庚成为倒伏的小苗，反而让他更加苗壮；霜打日晒也没有让他病病歪歪，反而让他成了一个结结实实的棒小子。

妈妈整天手脚不闲地劳作，小嘉庚耳濡目染，不仅学会了好多活计，也养成了爱劳动的好习惯。他时常在妈妈干活的时候，跟着"帮忙"。可惜他太小了，有时候却越帮越忙。

"哎呀，不能再往上压土啦！"妈妈栽红薯秧时，栽下后往根上培土，再按实。小嘉庚见了，也跟在后面，学着妈妈的样子用一双小手捧着土往秧苗上压。

妈妈给鸡拌食时，把米糠、剁碎的瓜菜放到鸡食槽内后，加点儿水搅拌好，然后再放出鸡来吃。妈妈离开后，小嘉庚也如法炮制，往里倒水，再拿根小木棍在鸡槽里搅和来搅和去，结果把鸡食都给搅出来了。"哎呀，不要再弄啦，你看你把鸡吃的饭都给弄到地上去了，鸡都生气了！"

还有一次，姑婆到他家串门儿。妈妈准备做鸡蛋烙饼招待客人，她磕开鸡蛋往碗里放；一边做饭一边不时地到屋里去陪姑婆聊天。小嘉庚又帮上忙了，他看见装鸡蛋的篮子就放在旁边，便也像妈妈那样，一个一个地磕鸡蛋。结果妈妈从屋里出来时发现，她的儿子已经快把一篮子的鸡蛋磕碎了，篮子里一片狼藉。

尽管小嘉庚经常帮倒忙、在妈妈干活的时候添乱，但妈妈从来不呵斥儿子。相反，她还在心里偷着高兴，因为她深知让一个孩子从小养成勤于动手、热爱劳动的好习惯是多么重要。生活是艰难的，如果想在艰难的生活中让自己有好衣穿、有好饭吃，就必须有吃苦耐劳的精神和勇敢无畏的气概。而一个人身上的这些品质，不是一朝一夕就能养成的，也不是脑袋一热就能具备的，它是一点一滴铸就的。

小嘉庚的妈妈希望儿子长大后，能成为一个拥有好品质的人，一个优秀、能干的人。

陈家有艰苦创业、勤劳持家的好家风。小嘉庚的祖父辈，有三个爷爷先后到海外去谋生，有两个已经在南洋定居了。到了父亲这一辈，不只陈杞柏，他有两个伯父也都先后到海外去打拼了。

因为陈杞柏在新加坡做着小生意，所以比起周围更多的贫苦乡亲，陈家的日子要好过多了。但他们并不富有，陈杞柏从新加坡汇回家里的钱，远远不像邻居们以为的那样多，而且还时断时续。

但不管钱多钱少，小嘉庚的妈妈依然辛劳持家、克勤克俭，她总能把一家人的生活料理得像模像样。不仅如此，她还能在省吃俭用中积攒下一点儿积蓄。这些钱除了家里应急的时候用，她有时还会拿出来一些接济遇到难处的乡亲们。有一年，集美及周边地区闹起了瘟疫，很多人患了疫病。小嘉庚的母亲便拿出积蓄买了好多药品，无偿地给患者送去。帮助别人，必然会得到更多人的礼敬，因此小嘉庚的妈妈在周围百十里的乡里乡亲中，有着很高的威望。无论男女老少，都很尊敬她。

妈妈的所作所为，在小嘉庚幼小的心灵里留下了难忘的记忆。

俗话说，靠山吃山，靠海吃海。住在山区里的人经常到山里去砍柴、挖药、采山菜、打野果；而住在海边的人便经常在大海落潮的时候，到海滩上去"拾小海"——抓虾、捉蟹、拾螺、剥贝肉……出海打鱼是"讨大海"，不能到大风大浪中出海捕鱼的老人、妇女和儿童，便在落潮时去"拾小海"。

小嘉庚的妈妈只要忙完了手里重要的活计，就会带儿子一起去"拾小海"。

虽然从落潮的海滩拾回来的那些东西不能拿到集市上去卖，也不能换回钱，但可以解决一家人每天下饭的菜肴，这样就能节省下不少用于买菜的钱。

小嘉庚跟妈妈"拾小海"的时候，可就不是帮倒忙了。别看他年纪小，可他眼睛尖、动作快，弹跳的虾、横逃的蟹，他经常一捉一个准儿。回家的时候，他的小鱼篓总是装得满满的。

大海潮涨潮落。涨潮的时候，汹涌的潮水一波接一波、一浪赶一浪地往岸上涌，哗哗地拍打着礁石和滩涂①，大量的小鱼、海虾、海蟹、海螺、贝类等海洋生物被裹携着涌到海涂②和沙滩上。落潮的时候，刚才还满涨满盈的海水好像得到了命令，迅速悄无声息地退去，很多的海洋小生物来不及跟着潮水回去，便被搁浅在海涂和沙滩上。

这天，落早潮之后，小嘉庚又跟着妈妈来"拾小海"了。

潮水落去后的泥地和沙滩上，到处可见遗留下来的海带、海青菜、海白菜，还有各种各样、五光十色的海螺和贝壳。海虾身子一弓、一弓地跳，海蟹身子一斜、一斜地爬，海鸟

①滩涂：海边经常受到潮水冲刷浸泡的泥地和沙滩。

②海涂：河流或海流夹杂的泥沙在地势较平的河流入海处或海岸附近沉积而形成的浅海滩。

在空中飞翔、盘旋，它们看准了自己喜欢的东西，就像离弦的箭一样俯冲下来，叼起猎物就迅疾地重新飞回到空中。

别看小嘉庚人不大，却已是"拾小海"的老手了。妈妈早已教会了他怎样识别滩涂上的那些小生物，比如：哪些海螺和贝壳里面是有螺肉有贝肉的，哪些是空的，哪些小虾更好吃，哪些蟹子更美味。

还有的蟹子来不及跟着退去的潮水回到大海里，它们就把自己隐藏起来，钻到松软、细细的沙子里去。这点小伎俩可骗不过小嘉庚。你看，他专找那些平整的沙子上有小孔、小孔还不时地向外冒气泡的地方。原来，那样的沙子下就藏着螃蟹！

对付这些隐藏到沙子下面的螃蟹，不能直接用手扒和抓，因为螃蟹有两个大钳子，如果你用手扒它、抓它，它就会用那对大钳子夹你！螃蟹的那对大钳子很有力量，有时能把人的手给夹出血！小嘉庚自有对付它们的妙招。

只见小嘉庚手拿一根小木棍，对着冒气泡的地方，轻轻地一捅、一捅……突然，他猛地向外一拉小木棍，一只蟹子就被他给拉出来了。原来，蟹子以为捅下去的木棍是人的手指呢！它逮着机会便会一下子把木棍死死地夹住，这时小嘉庚猛地向外一拉，蟹子便一下被拉了出来。把它扔到肚子大、上口小的鱼篓里后，它就再也施展不出本事，只能乖乖地当小嘉庚的俘虏了。

不远处，那是什么东西？那么色彩斑斓！哦，原来是一只大海螺。小嘉庚跑过去，把大海螺拾了起来。通常这种里面空空、已经没有螺肉的海螺，小嘉庚是不会拾的。可这只不一样，它太漂亮了！

小嘉庚举起大海螺，冲着太阳晃呀晃，观察着螺壳上五彩的斑纹。大海螺随着他不停地摇晃、变换角度而变换着色彩，真是美极了！这样玩了一会儿之后，小嘉庚又把大海螺敞口的一端，贴到耳朵上——"呼呼，呜呜，嗡嗡……"

"娘！娘！你快来，你快来听，这里面有声音！"

妈妈直起腰，看到儿子手里的大海螺，笑了。她走到儿子身边，拿过那只大海螺。她不用听就知道那里面有声音。原来，每只海螺的构造都特别精巧，里面中空的地方像螺旋一样旋转着，一直旋转到尖尖的顶部。当空气进入其中时，气流就会发生回旋，于是便发出了呼呼、呜呜、嗡嗡，那像风一样的声音。

"你听到了什么呀？"妈妈问。

"我听到了风！"

小嘉庚跷起脚，把大海螺贴到妈妈的耳朵上，问道"娘，

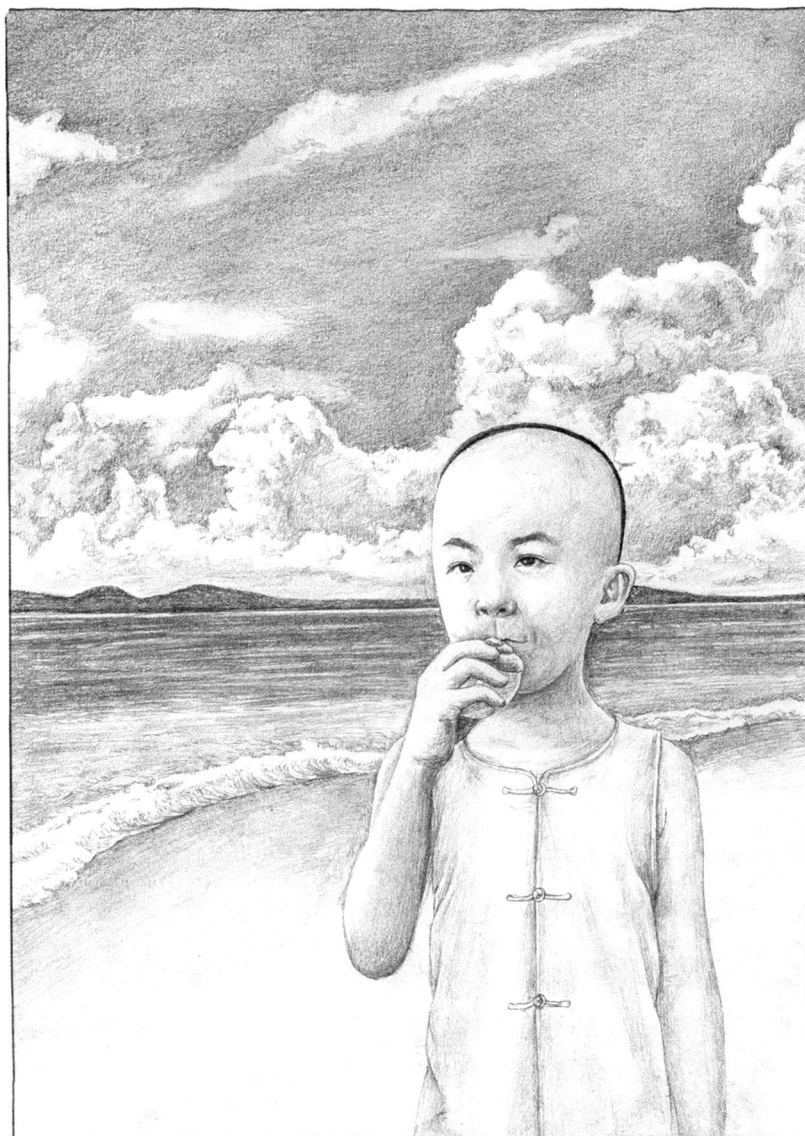

风怎么跑到螺壳里去了？"

妈妈耐心地给小嘉庚解释着"风"是怎么"跑"到螺壳里去的，螺壳是怎么发出那种声音的。哦，原来是这样呀！聪明的小嘉庚马上就明白是怎么回事了。他把嘴对着螺壳的口，使劲儿向里吹气，他一吹，螺壳发出的声音就发生了变化。

"娘，这大海螺是从哪儿来的呀？"

"从很远很远的大海那边来。"

"很远很远是多远呀？有新加坡远吗？"

父亲长年在新加坡工作，所以在小嘉庚幼小的记忆里，深深地刻下了"新加坡"这个地名。

儿子一提新加坡，妈妈自然就想起了远在异国他乡的丈夫。她不由地纵目向大海的那边眺望。

"娘，有没有新加坡远呀？"

妈妈回过神来，说："有，有新加坡那么远。"

小嘉庚更兴奋了，"那它一定到过新加坡吧？"

"嗯。"妈妈顺嘴应道。

"它到过新加坡，就一定见过阿爹了！娘，你说这只大海螺是不是看到过阿爹？"

妈妈抚摸着儿子的头，幽幽地说："我想，会吧。"

小嘉庚完全沉浸在了自己的想象之中，"娘，那我对着螺壳喊，阿爹是不是能听到？"

妈妈知道，虽然儿子还小，可他也会不时地想自己的爸爸。这会儿小嘉庚肯定又想爸爸了。为了不让儿子失望，她就说："能，能听到。"

没想到，小嘉庚真的对着螺壳喊了起来：

"阿爹！阿爹！阿爹——"

可惜，螺壳里传回来的，只是山谷回声般的嗡嗡声。

小嘉庚再喊：

"阿爹——阿爹——阿爹——"

他喊得是那么投入，那么卖力气。

妈妈心疼地将儿子揽入怀中，说："孩子，别喊了，你阿爹在新加坡很忙很忙的，也许他顾不上听外面的声音。"

"哦，我知道。你告诉过我，阿爹在外面为我们挣生活。"小嘉庚懂事地说。

"是呀，我们吃的、穿的、用的，都是阿爹用挣的钱买来的。他很辛苦，别打扰他了。走，我们回家吧。"

第三章
门是干什么用的？

　　展开福建省的地图，每个人都会清晰地看到它的整个东南边界紧邻着广阔的大海，东是东海，南是南海，与东海南海相接的，就是浩瀚的太平洋。

　　只要在福建的任何一个港口扬帆出航，就能通过东海、南海驶向浩瀚的太平洋，再经太平洋到达世界的任何一个地方。

　　反过来也一样，从世界上的任何一个国家出发，只要把船驶进任何一处的大海，就能驶进太平洋。通过太平洋，就能进入中国的东海、南海，直抵中国福建的每个港口，直至中国东南陆地上的各个门户。

　　小嘉庚一生下来，满耳就是大海的波涛

声，他用刚学会走路的小脚丫儿啪唧、啪唧地踩着咸味的海水，就这样慢慢长大。他对大海一点儿也不陌生，并深深地喜欢着大海：大海给了他美味的鱼、虾、螃蟹、螺蛳、贝肉，大海还给了他各色各样的贝壳、色彩斑斓的海螺，大海里还有好多好多的故事。到了晚上，妈妈时常给他讲那些与大海有关的神话。

还有一点，也使得小嘉庚对大海有着一种特殊的感情，那就是爸爸就在大海那边一个叫新加坡的地方做生意。爸爸就是坐着船，让大海运送到新加坡的，而爸爸每次回来，也是坐着船，让大海给送到家门口的。

可惜，爸爸已经很久没有回来过了。

因为要照顾店铺，而且旅途实在遥远，走一趟要花费很多盘缠，陈杞柏一年顶多回来一次。

渐渐地，小嘉庚也就习惯了。

有一天，一个小伙伴问他："怎么总也不见你阿爹呀？"

小嘉庚平静地说："阿爹在新加坡做生意呢！你当然看不到他啦！"

"新加坡？新加坡在哪儿呀？"

小嘉庚就向南，指指蓝色的大海。

"新加坡在大海里？"

"不是在大海里，是在大海的那边！你真是个笨脑壳！"

被叫作"笨脑壳"的小伙伴举起手里的大芭蕉叶，学孙悟空的样子，喊道："我一下把你扇到大海里！"

谁都知道那个芭蕉叶不能把任何人扇到大海里去。可小嘉庚和身边的小伙伴都假装害怕的样子，喊道："快跑快跑，孙猴子来啦！"

小嘉庚边跑边喊："你不是孙悟空，你追不上！"

前面跑，后面追，一群小家伙戏耍着跑到了集美最大的河流——东溪边上。

东溪河的上游就是巍峨的天马山。天马山逶迤百里，余脉一直从遥远的地方延伸到集美小渔村的大海边。它到了海边陡然收拢，山崖陡峭，岩石犬牙交错，山崖上还保留着年代久远、高大厚重的城墙，在一段城墙中间，还依稀可见大门的痕迹。

有两位老者，正在山崖下指指点点地说着什么。

快要跑到两位老者身边时，小嘉庚和伙伴们都停住了。见到老者，不管是认识还是不认识，都不能再疯跑了，那样是没礼貌的。

"那个将军叫什么来着？我记得好像是姓刘。"一位老者望着崖上的古城墙，沉吟地回忆着。

另一位老者眯着眼睛、捋着胡须，突然他一拍脑袋，说："我想起来了！想起来了！叫刘国轩！"

"对对对！是叫刘国轩！"

原来，两个老者正在谈论200多年前发生在这里的一段历史。

明末清初时期，有一位大将军叫郑成功，他率领一支特别能征善战的数万人的军队于1661年从厦门出发，经金门、澎湖在台湾的南部登陆，准备去收复被荷兰殖民者侵占的中国宝岛台湾。尽管他军队中的很多士兵出生在北方，不识水性，也不习惯南方的生活，可在郑成功的率领下，每个将军和士兵都斗志昂扬，不怕流血牺牲，英勇无畏地攻打着当时荷兰人设在台湾安平的总督府。经过长达8个多月的艰苦奋战，他们终于打败了荷兰殖民统治者，迫使盘踞在台湾的荷兰总督揆一领着他的部众，举着白旗向郑成功的军队投降。宝岛台湾重新回到了祖国的怀抱。

郑成功率领的军队打出了中国人的志气，打出了中国人的威风，后来，他们还对不时骚扰台湾和福建沿海的海盗们予以沉重打击。而当时以及后来经常侵扰中国沿海的，主要是日本人，人们管那些日本人叫"倭寇"。

郑成功的军队针对倭寇刁钻、狡猾的特点，把士兵分成了若干小分队，灵活机动地出没在沿海的各个地方，于是便经常能瞄到日本倭寇藏身的地点，瞄上之后就穷追猛打，毫不留情。到后来，倭寇只要一听"郑家军"的名号，就吓得望风而逃，恨不得多长出两条腿，再也不敢到中国的领土上撒野了。

"郑家军真是好样的啊！"

"郑家军让咱们中国人扬眉吐气！"

两位老者讲着、感慨着、回忆着，小嘉庚再也不和小伙伴们打闹了，而是乖乖地站在一边，竖着耳朵听，听得那样入迷。

老者提到的"刘国轩"，就是郑成功手下的一员大将，他所统帅的部队就曾经在集美驻扎。老者和这群孩子对面的山崖上就曾经是他们的营垒，那些宽大、厚重的城墙，还有那依稀可见的大门，都是刘国轩将军营垒留下的遗迹。

集美的对面，隔着仅有十几里的海峡，就是郑成功率部出发的厦门。

"可惜呀。"一位老者转过身来，望着厦门岛叹息了一声。

另一位老者也是很伤感的样子，接过话来："可惜，现在没有郑成功了。好端端的厦门，任由外国鬼子横行霸道！"

自从1840年清朝政府在英国挑起的鸦片战争中战败后，

厦门就成了中国第一个被西方列强用大炮和洋枪强行打开的大门。这个多少年都是由中国人自己居住、管理的港口，从那时起就成了外国冒险家们横冲直撞、为非作歹的乐园。

"朝廷腐败无能，军队不堪一击，咱们老百姓，还不得眼睁睁地看着外强欺负中国？"

"嘘！"刚才眼望厦门的那个老者，赶忙阻止老伙伴的议论。当时还是清朝统治下的中国，说朝廷腐败无能的话若是让官吏、兵勇们听到，是要被捉去坐大牢、杀头的。

"唉！"

"唉！"

两位老者叹息着，沿着来时的路往回走了。

小嘉庚咽了口唾沫。他还没听够呢。

抬头看着山崖上的老城墙、垛口、残留的城门，他又把目光转向离去的两位老者。直到两个年迈的身影隐入拐弯的丛林，他才收回目光。

"咱们回家吧。"拿着大芭蕉叶假装孙猴子的那个小家伙无聊地说。

小嘉庚再次看了一眼高耸的山崖和上面"郑家军"曾经驻防过的营垒，最后一个迈动了脚步。

回家后，小嘉庚就缠着妈妈，没完没了地问起来。

"郑成功是不是长得又高又大，特别有力气？"

"郑家军穿什么样的军装啊？他们拿什么枪？"

"日本倭寇为什么那么坏？"

"娘，我站在海边都能看到厦门那边了，你去过厦门吗？"

"娘，什么时候才能把欺负中国人的坏蛋们赶跑啊？"

……

妈妈尽可能地解答着小嘉庚的问题，可是，好多事，她也不知道，好多问题，她也弄不清楚。

巧了，几天之后，妈妈要到厦门走一趟，去办一件重要的事情。小嘉庚听说了，非让妈妈带上他。

以往，小嘉庚都是很听妈妈话的，妈妈要出去时如果说不带他去，他就会乖乖地待在家里。可是这回他非要跟妈妈去，他想看看厦门。他记着两位老者所讲的那些历史故事，记着厦门——那是当年郑成功率领他的郑家军收复台湾时，大军出发的地方！

小嘉庚终于跟妈妈去厦门了。

厦门是一个好大好大的岛，四面都是大海。又是一个好大好大的城市，比集美不知要大多少倍！

厦门有好多集美没有的东西，楼房、洋房、小汽车，当然还有好多洋人。他们要么牵着一条吓人的大狼狗，在大街上大摇大摆地溜达，要么趾高气扬地坐在人力车上，让中国的苦力拉着到处跑。

在就要离开厦门的时候，小嘉庚拉住了妈妈，"娘，这里不是叫'厦门'吗？"

"是呀，是叫厦门啊。"

小嘉庚回过头去，看着城内无数的洋房、屋舍，所有的房屋上都有门，可他就是没有看到一个他想象中大大的门，他觉得，只有那样一个大大的门，才应该是厦门城的门。

听完儿子的疑惑，妈妈咯咯地笑了。原来儿子是在找"厦门"的"门"。关于这个，妈妈是知道的，她就给儿子讲起来：

"很早很早以前，这里还不是一个城市，也没这么多的楼房、车马、行人，只是一个人烟稀少的大岛。明朝时期，为了保卫中国的海防，是不允许外国人随随便便在这里登陆上岸的。当时的明朝政府就在岛上修筑城堡、营垒，设置衙门和机构，管理和防守这个地方。其中有个面向大海的城堡，特别高大，真的有一个大大的、厚厚的门。后来，明朝的皇帝就给这里起名为'厦门'，意思是：这里是神州大厦的大门。"

"哦！'神州大厦的大门'，原来'厦门'是这样来的呀！"小嘉庚弄懂了这个问题，很高兴。

"娘，这里不是'神州大厦'的大门吗？那为什么洋人说来就来，说走就走？像进自己的家门一样啊？坏洋人也要放进来吗？"

"孩子，他们不是中国放进来的，是硬闯进来的。"

"不是有大门吗？为什么不把大门关上？"

"关上也不行。他们会用洋枪打，用洋炮轰啊！"

"那咱们中国为什么不打他们，轰他们，把他们打跑呢？"

妈妈苦笑着摇摇头，说："孩子，中国打不过他们啊！"

"中国为什么打不过他们呢？娘，你不是说咱们中国好大，人好多吗？有好多好多的人，为什么还打不过他们？"

这个问题，妈妈也回答不了。她再次无奈地摇了摇头，回答道："孩子，这样的事情，娘也说不清楚呀。也许等你长大了，你就弄明白了。到那时，你再讲给娘听吧。"

小嘉庚使劲点了点头。他的眼睛明亮地注视着远方，仿佛在那里，他就长大了。

"娘你放心，我一定要弄明白！等我弄明白了就告诉你！"

妈妈挽着儿子的手，笑了。

第四章
天下的果实

陈家虽然不是专门种田的人家，可也有几亩坡地。

福建是一个物产丰富的好地方，它的大海里盛产好多味道鲜美、营养丰富的海货，而大地上产的粮食、蔬菜、茶叶、药材更是丰富。

集美是一个前面紧靠大海、背后山峦起伏的地方，有山有水，但平地很少。没有太多大块的平整土地，就不能在所有的耕地上都种上水稻。小嘉庚他们家的几亩坡地就只种了麦子、番薯、花生之类的农作物。

"娘，咱们要是也能种水稻多好！"

小嘉庚8岁了，现在他不能再像以前那

样总是和小伙伴们在外面疯跑了，他要拿出更多的时间来帮妈妈干活。这会儿，他一边给麦子拔草，一边不时地抬头看着山坡下在稻田里耕作的人。稻田是水田，像这样大热的天，在水田里干活总比在坡上的旱田里干活更舒服一些。

"傻孩子，咱家是坡地，坡地怎么种水稻啊？"妈妈直起腰，用毛巾擦了一把额头上的汗水，"嘉庚，你是不是很热呀？看人家在水田里干活，觉得泡在水里很凉快？"

妈妈一下就说中了小嘉庚的心思。

福建是中国的南方，集美是福建的南方。中国南方的气候都很炎热，而集美这个中国南方的南方，就更加炎热了。这样的大热天儿，别说出力气干活了，就是待着不动，也会让人感到闷闷的。

妈妈很心疼儿子，说："嘉庚，你去冲个凉吧！要不，你到树荫下去歇一会儿。"

"不！"小嘉庚一甩头，甩去脸和额头上的汗水，"娘，我知道你也很热，你都不怕热，我也不怕！"

小小的年纪就跟着大人下地干活，日晒雨淋的，虽然妈妈很心疼，可她听到小嘉庚这样说，还是感到特别的欣慰，"好孩子！这才像个男子汉呢。想不到，我们小嘉庚现在成了娘的好帮手啦！"

陈家的几亩坡地一直都是小嘉庚的妈妈在侍弄着。她很少雇短工，只要自己忙得过来，她就尽量自己干，因为这样就可以节省一笔雇工的开支了。她出身乡村，虽然父亲识文断字，也算得上一个乡村秀才，但生计主要还是得靠耕。她从小就熟悉各种农活，养成了吃苦耐劳的好习惯。

小嘉庚特别体谅妈妈的辛苦，稍大一点儿就开始跟着妈妈下田干活儿了。妈妈也鼓励他这样做。妈妈心里明白：孩子不能总让父母照顾，他总有一天要长大，自己撑起生活的那片天。生活总是很艰辛的，天上不会掉馅饼，地里不会自己长庄稼，鱼虾也不会自己跳到你的饭锅里。

一月里开茶花哟，
茶花不往头上插哟，
茶花落了结茶籽，
茶籽再去种香茶哟……

看着长势喜人的麦子，看着一天天长大，越来越懂事的儿子，妈妈心里喜滋滋的，她边忙着手里的活计，边唱起了山歌。

"娘，你唱歌儿真好听！"小嘉庚仰着一张红扑扑的小脸，对妈妈说。

妈妈被儿子夸得不好意思了。

她不经常唱歌，她知道自己唱得没那么好。可儿子喜欢自己唱的歌，她还是特别高兴。"来，咱们歇会儿吧。"

"好！"

小嘉庚和妈妈一起，来到了坡地旁边的大榕树下，坐在了浓浓的树荫里。

妈妈每次下田干活都会带上一罐清香的凉茶。小嘉庚捧起茶罐，美美地喝了一大口。

"娘，你歌里唱的茶花，是哪一种呀？"

"我唱的呀，是茶树上那种小小的茶花，开得不是很大，也不是很艳丽。"

"怪不得'不往头上插'呢！原来是它不好看。"小嘉庚看过娘头插茶花的样子，特别特别好看。刚才听妈妈唱歌的时候他还奇怪呢，为什么"茶花不往头上插"呢？

"那种茶花虽然不漂亮，可开它的茶树上，能采摘茶叶。你喝的凉茶，就是茶叶泡出来的，你说，茶叶好不好？"

"好！阿爹在家总喝茶。我还知道，茶叶能卖很多钱。"

"对。茶树可是个宝，别看它开不出艳丽的花，可是能产出宝贝的茶。"

"娘，麦子也开花吗？"

"开呀，要不怎么会结出麦子、长出麦粒呢？"

"我怎么从来也没看到过麦子花呀？"

"麦子开的花更小，小得你不注意根本就看不到。"

小嘉庚腾一下跳到田里，蹲下身捋着一个麦穗儿仔细地看起来。

妈妈咯咯地笑了，喊道："快回来吧。现在，麦子早过了开花的时候了。它早就把花开完啦，已经开始灌浆了。"

小嘉庚重新回到了大榕树下，坐到妈妈的身旁。

"等下次麦子开花的时候，你一定要告诉我！"

"好。"

妈妈用毛巾细心地擦着儿子汗津津的小脸，告诉儿子："知道吗，你吃的荔枝、橘子、柚子、能做出白米饭的稻米、能蒸出白面馍的麦子，它们生长的时候，都开花。"

"那花生、番薯也是开花的了？"

"对呀！它们照样开花，天下所有的果实，都是先开花才能结出果来。只是，好多植物开出的花都是小小的，一点儿也不惹眼，若是不留意，根本就看不到。"

妈妈说的肯定不会错的，所有能在不同的季节里结出果实的植物，都是会开花的，不过有些自己没有留意。小嘉庚的好奇心起来了，他从花儿想到了果实。有各种各样的花儿，不是也就有各种各样的果实吗？

"娘，你看多有意思，荔枝的果实红红的，柚子的果实大大的，它们的果实都长在空中、吊在树上；麦子和稻子的果实小小的，一粒一粒被包在壳里；花生和番薯的果实却埋在土里！"

"是呀，它们的用途不一样、味道不一样，特点和习性也就不一样。它们都是按着自己的特点和习性来选择开什么花、结什么果的。人也是这样的，有种田的、做工的、教书的，还有很多人像你阿爹一样，是做生意的。"

"娘，做生意也像种田一样吗？"

妈妈想了想，不知应该怎么回答儿子。她想了一会儿，说："说一样吧，也不一样；说不一样吧，也一样。"

"哈哈哈！"小嘉庚大笑起来，"娘，你是在说绕口令吗？"

妈妈也乐了，是呀，她把自己都绕糊涂了。

"说一样，是因为种田也好，做生意也好，都是劳动，都要吃辛苦。而且，不光要能吃辛苦，还得动脑子。说不一样，是种田人干得好，得到的是丰收的果实；做生意做得好，得到的是丰厚的利润。"

"娘，那你说，种田怎么动脑子？"

妈妈虽然不是特别善于种田，可很多种田的学问她都是清楚的。于是，妈妈就给小嘉庚讲了起来。

福建和南方其他地方一样，气候特点是四季如春，常年都没有冰雪。所以，大片的农田，一年至少都要种两季。比如，收完了麦子，马上就要把土地平整好，再插上番薯秧苗；等番薯成熟了，再起垅、施肥，种上花生或蔬菜；收获了花生、蔬菜，再去播种麦子、栽插秧苗……年年如此，周而复始，人们劳动，它们生长。农民把这个过程叫"轮作"，就是轮流耕种、轮流栽插。

"为什么要'轮作'呢？多麻烦呀！"小嘉庚问。

"老是种一种庄稼，土地会厌烦的。土地一厌烦，就不能长出丰收的蔬菜瓜果了。就像天天都让你吃一种食物，顿顿都让你吃一种饭，你是不是会厌烦？不只是口味上会厌烦，你的肚子也会受不了，身体也会吃不消的。"

小嘉庚回想了一下，觉得真是那么回事，"娘，你说得太对啦！我中午吃煎鱼、蚝虮，晚上就想吃青菜、豆腐了。昨天想吃白馍馍、烙饼，今天就想吃米线、泡饭了。"

"小馋猫儿！"

小嘉庚嘻嘻地笑着。妈妈总能把伙食调理得特别好，做出的饭菜特别有味道。

接着，妈妈又给小嘉庚讲了更多种植庄稼的知识。

"娘，你很会种田呀！你看，我们家的田，年年都能收获好多好多的麦子、番薯和花生！昨天，东院的二婶还对我说'你娘可真能干'呢。"

小嘉庚说得没错。陈家的几亩坡地每年收获的农产品除了自家吃用，还总能拿出相当一部分去卖钱。

为了证明做生意和种田有相通的地方，妈妈又对儿子说：

"嘉庚，你阿爹做生意也是一样，要学会'轮作'，研究顾客的喜好，春、夏、秋、冬各个季节应该进什么货，出什么货，还有今年和往年有什么相同之处和不同的地方，什么时候用什么价钱进货，什么时候用什么价钱出货……都是要动脑子的。"

"娘，原来做生意也和种田一样，要吃很多辛苦呀！"小嘉庚感慨道。

平时阿爹回来的时候，总是穿得干干净净的，脸上没汗、脚上没泥，小嘉庚以为做生意是很悠闲、很容易的事呢。没想到，也要那么辛苦。

"是的，孩子。"妈妈抚摸着儿子的头，严肃地告诉他："在这个世界上，除了野菜和野果子是老天给我们的，其他的果实都不是自己从地里长出来，从树上结出来的。这些果实都是人们用很多辛苦和汗水换来的。你懂了吗？"

"娘，我懂了。"小嘉庚把妈妈的话牢牢地记在了心里。

在他长大成人之后，勤劳、吃苦、付出汗水和智慧，成了他生活中很自然的事。

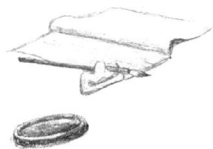

第五章
"我们不是小蛮子！"

在我们祖国的中部，有一条大山脉——秦岭，它横贯东西，巍峨起伏绵延了1500多公里。

秦岭是中国地理上的南北分界线，秦岭之南还有岭，秦岭之南还有南。广东、广西还有云南、福建的一些地方，从历史上到今天，都习惯被人称为"岭南"。

虽然和中原比起米，岭南的很多地方在相当长的一个历史时期内人烟稀少、蛮荒原始。可在长江、黄河流域，在远古时代便有文明诞生，繁盛起来的人口不断地向南迁徙、流动，那些文明也便陆续被带到了岭南的广大地区，并和当地别致的风物、民情、习俗相结合，形成了独特的"岭南文化"，催生出了新的文明。

可是，地处福建大陆尽头、远离中原、偏僻闭塞的集美，却是一个文化、教育都很落后的小地方。别处的"岭南"，有很多的官学和书院，出过很多的秀才、举人、进士，而集美却连私塾①都没有过几所。

在集美，有很多漂洋过海、到国外谋生的人一个大字都不识。

由于没有文化，也没有相应的知识和专业技能，那些漂洋过海的集美先民在外谋生时，大都处在当地社会的底层，为了挣碗饭吃，不仅历尽艰辛，还会受尽凌辱。福建的简称是"闽"，《闽县乡土志》上这样记载着："膂力强者，用应洋人之招，为苦工于绝城，彼族以牛马视之"，意思是说身强力壮的男人，被洋人招到国外去打工，去的都是条件极其恶劣的地方，干着最苦最脏的活儿，外国人把他们当牛马一样对待。

集美有很多人家都有亲人在南洋谋生。海外的人会给家里来信，不识字的家庭只能找人读信上的内容。回信更不会

---

①私塾：从前私人开办的小学校，称为"私塾"。一般都是一个先生教十几名小孩子，规模都很小。

写，只能找专门的人代写。街上就有专门给人代写书信的摊子。小嘉庚时常在那样的摊子旁边，听人口述书信，似懂非懂地听闻了好多事情。他有了越来越多的疑问，只要妈妈不忙，他就会逮着机会不停地问各种问题，妈妈也会耐心地回答他。

"娘，把收到的信让别人看，把寄出的信让别人写，那自己家里的事、自己的心里话，别人不也就知道了吗？"

"知道也没办法呀。不找别人念，自己也看不懂字；不找别人写，什么话也寄不出去。"

"那为什么不自己读、自己写呢？"

"因为自己不认字，更不会写字啊。"

"到南洋去的人，他们都干些什么活儿？"

"干什么活儿的都有。"

"都是和阿爹一样，做生意吗？"

"不，做生意的是少数人。做生意，要有知识、有文化，你得会算账、打算盘呀！多数人都在做苦力，干着最苦最累的活儿。"

"他们为什么不学知识、学文化呀？"

"因为他们从小家里穷，上不起学。上学要花钱的。"

……

小嘉庚想成为一个有知识、有文化的人。

他想上学。

其实，妈妈何尝不想让小嘉庚早点上学、读书呢。可是，当时的集美只有一家私塾，不但离家很远，收费还很高，陈家当时也没钱供儿子去上学。

陈杞柏远渡重洋到新加坡做生意，一晃快10年了。

陈家从祖辈起，就有勤劳刻苦的家风和努力拼搏的传统。经过十来年的打拼，陈杞柏终于从一个小生意人发展起来，拥有了一家独属于自己的米店，名为"顺安号"。

陈杞柏成了一名小有名气的中等商人。他赚的钱比以前多了，家庭经济状况得到了改善，虽说还不是很富裕，但可以供儿子上学了！

小嘉庚上学这一年，已经9岁了。

小嘉庚进的是一家名为"南轩私塾"的学堂。

私塾里有一个老先生、十几个小孩子。

老先生天天领着孩子们学习的方式非常刻板单一，除了偶尔描红①、写大字②，就是一遍又一遍地诵读《三字经》《千

---

①描红：训练儿童习写毛笔字的一种方法，就是把范字用红墨印出来作为样本，让儿童按着笔顺，在红色的范字上照着模仿、描画。

②写大字：就是写毛笔字、练习书法。

字文》《弟子规》等这样一些开蒙读物。

人之初，性本善；性相近，习相远。

这就是《三字经》。

天地玄黄，宇宙洪荒。日月盈昃（zè），辰宿列张。寒来暑往，秋收冬藏。

这就是《千字文》。

父母呼，应勿缓；父母命，应勿懒。

这就是《弟子规》。

这些给儿童用的开蒙读物，都是经过一代代人精心编写的，里面有好多道理深刻、行文精彩的句子，可是，从前老先生们在私塾里教小孩子，就是先领着读，然后让孩子跟读，先生根本不做讲解。小嘉庚所在的"南轩私塾"也是如此。先生不讲解，大家就不知道诵读的东西是什么意思，厌烦了，小孩就难免偷懒儿、开小差、搞小动作。

小嘉庚却不搞小动作。他一直记着妈妈送他进私塾时说过的话："嘉庚，你上学的钱，是阿爹在南洋辛辛苦苦挣的，是我们精打细算，一文一文省出来的。你进了学堂，一定要好好学，别让得来不易的钱白花呀！"

很多孩子趁先生不注意，在下面摆弄起玩具。还有的孩子甚至偷偷地吃起了零食。教书的先生经常看不见，因为在

孩子们摇头晃脑、前仰后合地背书时，他总是坐在前面的太师椅上打瞌睡。

但有那么一阵子，老先生看起来是把眼睛闭上了，其实他是在假装瞌睡。下面哪个小倒霉蛋儿一玩一闹，他马上就会发现！

他接二连三地逮住了几个调皮的孩子。

抓住了就要惩罚。惩罚的方式一律是：叫到前面去，趴到一条长凳上，往屁股上打板子。有的打3下，有的打5下，而表现出不顺从的，就要挨上10下！

板子打在小伙伴的屁股上，小嘉庚也跟着一激灵，仿佛打到了自己的身上！他的同桌叫陈吾三，因为他挨处罚时一点也不配合，还能看出来眼里充满对打人者的敌意，所以他挨了整整10下板子！

小嘉庚同情地小声问："疼吗？"

陈吾三气鼓鼓地、故意大声说道："比狗咬的还疼！"

这下可把老先生给气着了，他认为陈吾三是在骂他。他想接着打陈吾三，可他打不动了，就开始斥骂：

"朽木！朽木不可雕也！"

"顽劣！没家教的东西！"

骂这些还嫌不解气，又喊道："蛮子！小蛮子！你们！你们都是些小蛮子！"

这回陈吾三再也不能忍受了，他忽地站起来，大声地抗议："我不是小蛮子！"

蛮，是用来说自然环境的，就是没开发、没人烟、蛮荒的意思；用来形容人，就是蛮劣、蛮横、野蛮的意思，代表没礼貌、不文明、没教养。这不就是说他们是小混混、野蛮人吗？

小嘉庚当然也知道这不是好话。他还来不及细想，便也一下站起来，大声对先生说："我们不是小蛮子！"

"对！我们都不是小蛮子！"有了带头的，大家的勇气立刻来了，他们就像有人指挥一样，整齐洪亮地喊出了他们的抗议："我们不是小蛮子！"

那天，学堂放学特别早。

小嘉庚回到家，妈妈刚料理完家务，正准备下田去侍弄庄稼。妈妈很奇怪，今天学堂怎么放学这么早？

妈妈问小嘉庚，小嘉庚不说。

他不说，妈妈就再问。小嘉庚终于抗不住，原原本本地交代了。

妈妈生气了，特别生气。小嘉庚还从未看到妈妈那么生气过，他委屈地哇一下哭起来！

"我不是小蛮子！我不要当小蛮子！"

妈妈这下明白了，一向有礼貌、懂恭敬的儿子，为什么会顶撞、触怒教书先生了。原来儿子是讨厌人家叫他"小蛮子"。她心头一热，把小嘉庚搂进了怀里。

第六章
司令部和大将军

　　对陈吾三和陈嘉庚来说，那天的事情，就像一根刺一样扎进肉里，一直没有拔出来，一碰就疼。

　　进学堂挨先生的板子，在那年月算不上什么大事，在私塾、学堂里，这几乎就是家常便饭。可是，被恶狠狠地斥为"小蛮子"，却让他们拿出了那个年龄最大的勇气，向老先生发出了严重的抗议。

　　陈吾三比小嘉庚还大两岁。平时他就对小嘉庚充满好感，小嘉庚不但身子骨结实硬朗，脑袋瓜儿也灵光，让背的书，他总是第一个先背会，还背诵得很流利。更让他感到亲切的是，在"南轩私塾"里读书的孩子，小嘉庚家里算是富裕的了，可他从来不轻视、欺负那些家境贫寒的同学。相反，妈妈若是给他带了什么好吃的，他还会经常分一些给别的同学吃。那次他挨了板子与教书的老先生顶撞起来时，小嘉庚第一个站出来声援他，他就对小嘉庚更多几分喜欢了。

这天，那根"刺"又让陈吾三疼了。他和陈嘉庚走在回家的路上，问："嘉庚，你娘真的跟你说了？"

"什么事？"

"就是那回先生骂我们'小蛮子'的事。你问你娘'蛮'是什么意思了吗？"

"当然问了！那天从学堂回到家，我很害怕，可我还是说了。我说完后，娘并没有打我骂我，只是叹了口气，还把我搂进怀里，抚摸我的头。我看娘没有太生我的气，我就问娘'蛮子'是什么意思。娘说，那个字用在小孩子身上，就是野性、淘气、顽劣的意思，要是用到大人身上，就是野蛮、不文明、没教养的意思了。"

陈吾三若有所思地想了想，说："嘉庚，等我们长大了，绝不让人家说我们是'蛮子'！"

小嘉庚使劲儿地点着头。他还告诉陈吾三，他娘对他说，小时候被别人叫几回"小蛮子"，叫就叫了。如果长大成人

了，还被人家那样认为，那可就成"大蛮子"了。所以要好好学习，好好做事，好好做人，长大了成为一个有知识、有文化、懂文明、有教养的人，走到哪里都会让人尊敬。

"小蛮子我们不当！"陈吾三说。

"大蛮子我们更不当！我们要让先生看看！"

"对！"两个小家伙的手掌啪地击到一起。

各地的私塾都有各自的特点。集美的私塾经常是授课一个月，放上几天假；再授课一个月，再放上几天假；有时候根据情况，放假时间还会多几天，半个月、一个月也是常事。私塾和学堂这样做，目的只有一个，那就是让淘小子们在农忙的时候能及时回家下田干活，给大人帮忙。等活计忙完了，再回到私塾或学堂接着上课。集美学堂这种独特的授课方式，不是到小嘉庚上学时才有的，从前也是如此。

这不，私塾又放假了。

孩子们要开始帮大人们干活了。

人要想吃饱肚子，就得先侍候好田里的庄稼，让播种、栽插下的五谷和秧苗，一季一季地结出丰硕的果实，打出满仓的粮食。

有追求的人光有了粮食还远远不够，打鱼、捕蟹、捞虾、做短工……总之会用各种方式，去挣钱，去创造更多的财富。

集美的农民、渔民也知道让孩子上学好，有了钱，才能送孩子进学堂。

小嘉庚的家在集美已经算是比较富裕的了，但他也得经常帮妈妈干很多的活儿，可见别的人家在大人们忙不过来的时候，是多么需要孩子做帮手了。

自从进了学堂，小嘉庚帮妈妈干活的时间就大大减少了。每天看妈妈辛苦地忙里忙外，他很心疼，于是在上学前和放学后一早一晚的时间里，他总是会帮妈妈多干一点儿活。现在放假了，他可以整天跟着妈妈下田、下海了。

在集美，不仅家家都有几亩田地，而且还都在海边的滩涂上养着几片蚝堆。蚝，也叫牡蛎，它壳里的肉非常鲜美，剥出来后可以鲜食，也可以做成蚝干（又称蛎干），远销全国各地，是福建的一大特产。在把蚝肉加工成蚝干的过程中，还能产出蚝油，蚝油是一种香油、麻油、菜油等油类都不能替代的高级调味品。

小嘉庚跟妈妈下田，就侍弄庄稼；跟妈妈下海，就剥蚝壳、采蚝肉。

几年下来，小嘉庚无论干什么都是行家了。在田里，再也不用妈妈告诉他土怎么培、苗怎么间了。而剥蚝的时候，他再也不像从前那样经常碰破手了。

这天，陈吾三帮家里干完活，就来找小嘉庚玩。

小嘉庚正在田里忙呢。为了让他快点干完，陈吾三也帮起忙来。

"吾三，你知道为什么这番薯秧长得旺旺的、爬得好好的，到了这时却要把它们一兜一兜地翻过来吗？"

妈妈在那边的田里锄花生，小嘉庚和陈吾三在这边的田里翻薯秧，他一边翻，一边"考"陈吾三。

"管它为什么呢！大人让你翻你就翻，快点翻完，咱们好去嬉水！"

陈吾三的确不知道。他也一直纳闷，薯秧不大的时候，生怕它不长；长大了到处爬时，却又把它翻过来，不让它好好长，这是怎么回事呢？这会儿听小嘉庚一说，他也想探个究竟了，"好吧，那你说为什么？"

小嘉庚直起腰、背起手，学着私塾里教书老先生的派头儿，说："你听着，我来告诉你，这可是大学问！"他指着薯秧继续说道，"看到翻过来的薯秧，茎节上有什么了吗？"

陈吾三提起一条薯秧仔细看了看，在原来着地的一面上，薯秧每处分叉、有节的地方都生出了小爪儿一样的须根。他看着小嘉庚，问："你是说它们吧？"

"对！"小嘉庚连忙蹲下身来，用手指触着那些小须根说："把薯秧翻过来，就是不让这些小须根往田里扎。它们往田里扎，就会吸走土壤里的很多养分，这会让薯秧疯长。"

"让薯秧疯长，不是好事吗？"

"那你说，你是吃长在土里的薯块啊，还是吃长在地上的薯秧呢？"

"当然是吃薯块了，我又不是猪，怎么能吃薯秧？"

"这就对了！不让薯秧疯长，就是为了让它把'劲儿'使到土里的薯块上，把更多的养分都供给薯块，让薯块长得胖胖大大的！"

"噢！"陈吾三恍然大悟，他把一根薯秧提起来继续说，"这就像我娘常说的：'把钱花到刀刃上，把劲用到正地方'。"

"对对对！就是这意思！"小嘉庚连连肯定。

得到陈嘉庚的肯定后，陈吾三很得意。陈嘉庚看他这样就想跟他开个玩笑。只见小嘉庚学着私塾老先生的样子和口吻，拉着长声道："孺子可教也——"

私塾里的教书老先生夸哪个孩子的时候，经常会用这样的腔调说这句话，意思是说：你这孩子呀，还不算笨，还真的可以教出来。

陈吾三丢下手里的薯秧，去揪小嘉庚。

小嘉庚身子一闪，拔腿就跑。

就在这时，坡下一个放牛的牧童喊："陈嘉庚，你阿爹回来了！"

阿爹回来了？小嘉庚马上停住脚步。

"你说什么？"

"我看见你阿爹回来了！"

小嘉庚兴奋地冲着娘那边大声叫："娘，阿爹回来了！"

妈妈直起腰，笑眯眯地看着儿子。她擦完额头上的汗水，又用手去扑扫衣服上的尘土。坡下那个牧童的话，她已经听见了，心里正高兴呢！

"嘉庚，收拾一下田头的水罐、衣服，咱们回家。"

"好！"

阿爹难得回来一趟，对小嘉庚来说，阿爹回来比过年过节还高兴！

"嘉庚，那我回去了。咱们明天再玩吧。"陈吾三边说边朝另一个方向走去。

小嘉庚一把扯住他："你跟我回我家！阿爹每次回来，都会给我买好吃的，我分你一份！"

一听这个，陈吾三更不肯了。那多不好意思！

就在这时，小嘉庚看到阿爹已经走到坡上来了。

"你们娘俩辛苦了！"陈杞柏大步进前，笑呵呵地摸着儿子的头，眼睛看着妻子。

妈妈摘去阿爹衣袖上的一个线头儿，柔声地问："刚到家？"

"刚到家！一看你们娘俩没在家，我就知道是下田了。"

小嘉庚扯过陈吾三，给阿爹介绍："阿爹，这是我的同学，陈吾三！他今天帮我翻了好多的薯秧！"

陈杞柏马上把手伸到口袋里，掏出一把用花花绿绿的包装纸包着的糖果，塞进了陈吾三的手里。

"谢谢阿叔！"陈吾三红着脸道完谢，转而对嘉庚小声说："我回去了。"小嘉庚一看好朋友得到了礼物，就不再留他了。

一家三口高高兴兴地朝家里走去。小嘉庚一蹦一跳地，跑在最前面。

迎面过来一位身穿长衫，头戴礼帽的中年人，远远地，那个人就冲着陈杞柏双手抱拳："杞柏兄，什么时候从南洋回来的？"

陈杞柏马上迎上去，抱拳作揖，说："秋林兄，刚刚！您这是要去哪里？"

"我也是去厦门办点小事刚回来，没想到路经这里，赶巧碰上了仁兄您，幸会幸会！"

小嘉庚的妈妈看到丈夫遇到了朋友，就小声对丈夫说了声"我在前面等你",同时对客人道:"你们谈。一会家里坐。"

陈杞柏与那位绅士聊起来。

本来跑在前头的小嘉庚,这会儿却折返回来,站到阿爹的身边,拉着阿爹的一只手。

那位外乡的绅士看着可爱的小嘉庚,对陈杞柏说:"这就是贵公子吧?"

"正是小儿,名嘉庚。"陈杞柏把儿子推到朋友面前,小嘉庚礼貌地向他问好。

"知道!知道!我在集美有亲戚,他们说陈杞柏的公子在学堂里学习特别好。怎么,杞柏兄,这样一个读书的好材料,您也舍得让他下田干那些粗活儿?"

"秋林兄,您过奖了!我等小户人家,孩子下田是理所应当的。"

"仁兄你太过谦啦!大家谁不知道,你在南洋的生意越做越好,越来越红火?"

回到家,妈妈忙下厨做好吃的,小嘉庚一直缠着阿爹讲南洋那些他不知道的新鲜事。过了一会儿,他突然想起路上碰到的那位外乡绅士,问道:"阿爹,为什么他说进学堂读书就不应该下田呀?"

陈杞柏对儿子解释着,自古以来,中国的读书人都以

"手不提篮，肩不担担"为上，以不干任何粗活儿，一心只读圣贤书为荣，把脑力劳动看作是"上等人"做的，体力劳动看作是"下等人"干的。正因为这种积习，古时的读书人都是远离粗活儿的，标准的样子，都是"白面书生"。他们中的很多人，除了读所谓的"圣贤书"，在生活中什么都不会干。但陈杞柏却不那么认为。

小嘉庚虽然似懂非懂，可他还是大致明白了，轻视体力劳动是不对的。书本上的知识是知识，实践中的知识也是知识，而且，那些印到书本里的知识，都是人们从实践中无数次的经验、教训中得来的！

"嘉庚，你喜不喜欢弱不禁风，白面书生的样子呀？"

"不喜欢！"他毫不犹豫地答道。

想着私塾里教书的老先生那手无缚鸡之力的样子，他可不想长大了变成那样。

"好！"陈杞柏对儿子的回答非常高兴。由于他多年在南洋做生意，接触了很多西方人，了解了很多西方的教育方式和教育理念，他觉得，中、西比较起来，关于如何读书，如何实践，如何让孩子动脑和动手并重，西方有很多值得学习的东西。他尤其反对读书人只读书，不问实事，只重书本知识，不重视实际工作能力的倾向。

他欣慰地对儿子说："你娘每次给我写信，都会说你多么懂事，多么热爱劳动，帮她干了很多的活儿。今天，我到坡上去找你们时亲眼看到了！儿子，你要记住，这世界上的财富，都是靠劳动创造出来的。动脑，是脑力劳动，动手，是体力劳动，这两种劳动都不下贱！"

"阿爹，我记住了！不管是在学堂里学习，还是在田里锄草，在滩涂上剥蛎，都是劳动，都不低贱！"

陈杞柏多年在外打拼，对勤奋、勤劳、勤勉有着深切的体会。看到儿子如此有悟性，他特别高兴，接着讲起来。

"嘉庚，你不是喜欢听别人讲打仗的故事吗？那么阿爹来给你打个比方：人的大脑，就好比是司令部，人的双手，就好比大将军。人要有知识有文化，大脑才能有智慧，'司令部'才能想出高明的主意，做出高明的指挥。人同时还要不怕吃苦，勤勤恳恳地动手做实事，这样，双手这位'大将军'才会越来越能征善战，这样一来，才能在'司令部'的高明指挥下打胜仗！"

"阿爹，您这个比方太好了，我一下就记住了！脑袋是'司令部'，双手是'大将军'，它们一个能文，一个能武。我一定要让我的'司令部'聪明智慧，让我的'大将军'武艺高强！"

　　"哈哈哈！"陈杞柏高兴地放声大笑。他的笑声，把妻子也从厨房里吸引出来了，"你们两个在说什么呀，这么高兴？"

　　小嘉庚神秘地跟妈妈着打哑谜："我们在说'司令部'和'大将军'！"

第七章
世界到底有多大？

　　虽然私塾要为农事让路，给要干农活的孩子们放假，里面的读书声时断时续的，可用心的孩子，还是一点一滴地学到了不少东西。

　　自从那次上课偷着吃零食挨了板子，被斥为"小蛮子"后，陈吾三再也没有惹过任何麻烦，他的自制力越来越强了。他记住了爹娘对他说的话，"孩子，咱进学堂，不是去玩儿的，不是去顶撞先生的，是去读书、识字、学知识的。这一点，你得向陈嘉庚学习。"

　　陈吾三记住了。他的学业日益长进。

　　小嘉庚一直都是学堂里最用功、学得最

好的。家长们都说陈家的这个孩子聪明伶俐。

可他们都不知道，这和小嘉庚从小就喜欢跟着妈妈干活，平时勤于动手有着直接的关系。

后来的科学研究发现，人的双手和大脑，看似各干各的，实际上它们是息息相关、相互增益的。孩子动手越多，大脑发育的就越快，就会更聪明。而相应的，孩子越聪明，就越好动，聪明的孩子做游戏或者干活儿时，点子会更多、双手也更巧。马克思说：劳动创造了人。手脚分工，是人类摆脱动物界的一个非常重要的标志。人类长期使用双手、勤奋劳动，这令大脑发育发生了质的变化，学会了制造工具，这使人类最终从普通的有脊椎动物，进化成为最高级的灵长类动物。

"南轩私塾"里的教书老先生越来越老了。

他经常会指定一段书文，让孩子们反复诵读，然后他就坐在前面的太师椅上，头一点一抬地打瞌睡。

他从来不对那些课文进行讲解，也没有力气讲解。

多少年后，长大成人的陈嘉庚在回忆儿时那个阶段的读书经历时提到，反复诵读的那些诗文由于先生的不讲解，其中大多数"数年间绝不知其意义"。他后来在家乡创办了小学、中学、大学，执着地用高薪在全国聘请好的学者担任校长和教师，如林文庆、孙伏园、鲁迅、蔡元培……那些人既有深厚的中学底子，又有广博的西学修养，有传统根基，也能与时俱进。

在不理解古文是什么意思时，就让儿童反复背诵，这样做有一个坏处，那就是死记硬背、毫不理解；但是也有一个好处，它能训练、强化儿童的记忆力。研究发现，人的儿童时期，是记忆力最好的时候。同时，朗读背诵的次数多了，用心体会也能自发地理解其中的某些含义，这就是俗话说的"书读千遍，其义自见"。

虽然先生不讲解，小嘉庚也没有能力理解更多的东西，可他在专心诵读、用心体会的过程中，渐渐对那些比较浅显的文字也有了感觉。比如《千字文》中的"寒来暑往，秋收冬藏"。不就是说，一年有四季，天气凉过之后又热了，热过之后又凉了吗？地里的庄稼秋天收获了，冬天就藏起来。比如《三字经》中的"性相近，习相远"。就是说，人的性情一生下来时，都是差不多的，只是长大后各自有了不同的经历，便形成了不同的习惯和性格。

如果把深奥的书箱比作一座大门紧闭的城堡，那么，能够让小嘉庚多少理解一些意思的文字，就好比是和小嘉庚里应外合的一个伙伴。它悄悄地给城堡开了一个门缝儿——虽

然只是一个门缝儿，但古书这座"城堡"，再也不是密不透风的了。

看着儿子对学堂里教习的东西越来越有兴致，越来越有收获，妈妈心里非常高兴，同时她也有些遗憾。很多家长都反应"南轩私塾"里的那位老教书先生太迂腐了，缺乏活力和生气，他总是让孩子们背书，自己却坐在前面的太师椅上打瞌睡。他来私塾教书，仿佛就是为了每年能够拿到一笔不菲的薪水，除此之外，他对教书似乎没有任何兴趣与激情。

天遂人愿。转年，小嘉庚的伯父——陈氏家族另一位在南洋做生意的人——陈缨节先生，回到了家乡集美，腾出房子作为教室，出资聘请先生，办了一个陈家自己的私塾。

自己的伯父出资办学堂，而且聘请的先生很有与时代同步的劲头，小嘉庚自然就从"南轩私塾"转入了家塾读书。

家塾请来的教书先生果然名不虚传，他叫陈令闻，考取过秀才的功名、有深厚的古文功底。同时，他又不拘泥于科举文化呆板的那一套，在学堂里教孩子们的方式与其他私塾大不相同，经常令人耳目一新。

他不会简单地只让孩子们摇头晃脑地背书，每教一段话，他都会详细地讲解。比如他在传授《增广贤文》时，就对那些与人情世故、做人品行紧密相连的内容格外重视。他不再反复让孩子们背诵《三字经》《千字文》这样一些四六句的东西，他开设了《四书集注》的课程，这样的课程历来都被视为"高级课程"。他认为"四书"中的很多东西并不那么高深，比如《论语》就很平易近人，应该让小孩子们从小就了解它、认识并应用。

陈令闻先生不但会讲解古文，还教孩子们写作文！作文的题目，有时是他事先拟好的"命题作文"，用来训练孩子们某一方面的理解能力和辨析能力；有时，他会让孩子们自己定题目，随意写，可谓是地道的"自由作文"。孩子们终于有了天马行空、自由发挥、畅所欲言的机会！陈令闻先生也通过孩子"自由作文"里所写的内容，了解了孩子们的想法、志向、兴趣等。

最让小嘉庚眼界大开的是他的老师让他第一次知道了这个世界上还有天文、地理、医药、建筑、物理、化学、数学……这样的人学问！

由此小嘉庚还知道了，中国历史上有过那么多走在世界前列的，足以让后人为他们而感到骄傲的先人。发明了浑天仪的东汉大科学家张衡、明代著名的地理学家徐霞客、汉代大医学家张仲景、了不起的数学家和天文学家祖冲之……

小嘉庚还知道了很多外国的科学家、军事家、政治家、航海家、冒险家的名字——发现"日心说"的哥白尼、美国开国之父华盛顿、横扫欧洲的拿破仑、发现了美洲大陆的哥伦布……

也就是从这时起，小嘉庚意识到了，海洋对一个国家来说是多么重要，航海能力对一个国家的强大起着怎样的作用。中国的航海在明代郑和下西洋时还很厉害，后来到了清朝，中国的航海技术就被很多国家远远地甩到后面了。

眼界的豁然开朗，让小嘉庚产生了无尽的好奇心和强烈的求知欲。他陆续熟读了一本又一本中国古代的经典小说，通过《三国演义》，他了解了中国的历史；通过《西游记》，他懂得了什么是神话，什么是想象力。没有想象就没有发明，也不会有创造力。

陈令闻先生很懂孔子所说的"因材施教"，对陈嘉庚这个学生，他格外留意，经常会在课业之外，再给小嘉庚布置一些作业。

最令小嘉庚难忘的，是他在老师那里看到了一个以前从没听说过的东西。

那是一份《世界地图》。

五大洲：亚洲、欧洲、非洲、美洲、大洋洲。四大洋：太平洋、印度洋、大西洋、北冰洋。各色人种：黄色人种、

白色人种、黑色人种。各个国家：美国、英国、法国、西班牙、葡萄牙……

世界到底有多大？

小嘉庚因为读书，开始学会了思考，开始在心里装下一些很大很大的事情。

他还是身在那个叫集美的小小渔村，每天主要活动于家和学堂这样一个小小的范围内，可他的视野却开始走向了辽阔的世界，他的目光开始不由自主地投向大海。

第八章
那些远去的背影

　　在上私塾很久以后，小嘉庚接触到了两个名词：旧式教育、新式教育。

　　旧式教育大致说来，就是传授四书五经科举应试八股文的教育，而新式教育则文理并重，特别是有很多关于自然科学的内容，是一种主张学生全面发展的教育。当时的小嘉庚，还不知道什么是"旧式教育"，什么是"新式教育"，但他非常清楚，他很喜欢陈令闻先生给他们开的那些课程，喜欢他采用的那种教学方式。

　　其实每个在陈氏家塾学堂里读书的孩子，都有着大致相同的感觉，但没有谁像小嘉庚那样，对陈令闻先生带进学堂的"新式教育"

表现出那么强烈的热爱。

而这点区别，足以给陈令闻先生留下深刻的印象。

所有有着良好职业道德的老师，都有一个共同的特点：每发现一个可堪造就的孩子，就如同发现了一块未曾雕琢的极品璧玉，生怕日后被埋没了。这位陈令闻先生也是如此。

于是，在一次小嘉庚的父亲回乡时，陈令闻先生特地登门拜访。他建议陈杞柏，日后一定要让小嘉庚到更正规的新式学校里去读书。他对陈杞柏说："以我多年教学、阅人之经验，如果给他提供必要的条件，让他拥有磨砺、锻炼自己的机会，令郎日后必是一个做大事业、有大作为的人才！"

这番话令陈杞柏心中窃喜，只是嘴上还是不停地谦虚、客气，一再说："过奖了！过奖了！"

小嘉庚的妈妈非常爱自己的儿子，但她平素对儿子的管教也是非常严格的。自从小嘉庚进入学堂后，放假在家里时，他可以看书学习、描红练字、帮她干活，但是不能去外面"野"。小嘉庚虽然乖乖地听话，但也很苦恼。

自从学堂里的陈先生到他家来过之后，妈妈就开始"放宽政策"了。因为陈令闻先生说，若想让孩子全面发展、健康成长，就不能只是让他死读书、读死书，还要让他多接触林林总总的大千世界，感受千姿百态的人生风景。

有了先生的"尚方宝剑"，妈妈的"放宽政策"，小嘉庚又可以像进学堂之前那样，不时地跑出去和小伙伴们嬉戏玩耍了！

每天放学之后，完成了老师布置的功课，帮妈妈干完活，小嘉庚就和陈吾三一同跑出去玩。这两个孩子的身边，总是跟着几个小伙伴，有的是陈氏家塾里的学生，有的是邻居家的小孩。

跑离了大人的视线，一帮小家伙就像甩掉了笼头的小野马，蹚水登山、攻营拔寨，在大自然中尽情地释放天性。

集美的后溪有个天马山，巍峨的天马山就像一条大蟒，头高耸在云雾缭绕的远方，尾巴则蜿蜒起伏，一直甩到集美伸进大海的半岛尖上。小嘉庚最喜欢来的地方，就是这一面临河，一面向海的独崖山。左边是奔流的东溪河，右边就是浩瀚的大海。

这天，他们6个孩子，又一路撒欢儿跑上了独崖山。

大家都愿意跟陈嘉庚和陈吾三玩儿。因为，陈嘉庚和陈吾三从来都不欺负人，陈嘉庚还时常把从家里带出来的好东西分给大家吃。玩累了坐下来歇息时，他还时常给大家讲故事！

"快来呀，这里有圆枣子！"小嘉庚回头对小伙伴们喊。

说完，他一猫腰，就钻进了一个很大的绿色篷架里。

大家听到小嘉庚的声音后，呼啦一下就冲上那个长满灌木丛的小山坡，一个接一个地也都钻了进去。

圆枣子是一种藤蔓植物，像葡萄一样，能攀爬到就近的树枝和灌木丛上，形成好大好大的绿色篷架，在粗细不等的藤条上，结出一串一串的椭圆形浆果。果子饱满多汁、酸甜美味。据说它们是猕猴们最喜欢吃的，所以它又有了另外的一个名字，叫"猕猴桃"。

"真甜！"

"真好吃！"

"我要摘一些给我娘带回去！"

钻进篷架里的孩子，一个个全都变成了小猕猴，七上八下地摘着圆枣子，有的往嘴里送，有的往衣袋里塞。

"陈吾三呢？陈吾三跑哪儿去了？"小嘉庚在光线很暗的篷架里扫了一圈，唯独没有看到陈吾三。

"我看到他了！"一个孩子说道。圆枣子里的浆汁、细籽粘了他一嘴巴，他抹了一下嘴巴接着说："我看到他在那边的红土崖旁在掘什么，可能是在挖金子吧，嘻嘻！"

小嘉庚钻出篷架，手拢在嘴巴上喊着："陈吾三！陈吾三！"

"听到了！"

声音从红土崖旁传过来。

过了一会儿，陈吾三出现在崖顶上，朝这边走来。

"你手里拿的是什么？"

陈吾三把手里攥着的东西捧到小嘉庚的面前。

哦，是铁箭头，几支已经锈蚀的铁箭头！

"你从哪儿找到的？"小嘉庚眼睛亮亮地问陈吾三。

"就在那儿！"陈吾三转身一指，"要掘，还能找到，我肯定！"

小嘉庚拉起陈吾三就向那边的红土崖跑去。已经吃饱了圆枣子的孩子们也全像小尾巴一样紧随其后跑了过去。

那是一处早已废弃的红炉遗址。红炉，就是一种专门的炉子，在炉膛内生起炭火，外面配上鼓风机后，拉动鼓风机，炉膛里的炭火就会熊熊燃烧起来。把钢、铁放进炉火之中，就会烧得通红、发软，放到铁砧上锻打，就可以打出人所需要的各种器物和工具了，而且能打制出锋利的大刀、长矛等武器。

小嘉庚看了一会儿，突然反应过来：这里曾经是一处打铁的红炉！

在集美靠近码头的地方，有一家"铁匠铺"，铁匠铺里必有红炉。小嘉庚以前多次到那里看过，每次都看得津津有味。他感到很惊异，那么坚硬无比的钢铁，经铁匠师傅在红炉里一烧，在铁砧上叮叮当当捶打一阵，就变成了农具、菜刀、斧头。

小嘉庚左瞅右瞅，在废弃的炉膛内凿下一块红土，若有所思地对陈吾三说："吾三，你还记得吗？"

"记得什么？"

"先生曾经说过，200多年前，咱们浔江尾、东溪河、独崖山一带，是著名的'郑家军'长期驻扎的地方。当年'郑家军'是不是就在这里打制刀枪、箭头啊？"

经小嘉庚这么一说，陈吾三恍然大悟，"我想起来了！对，这里肯定就是当年'郑家军'打制兵器的红炉！"他又从口袋里掏出锈蚀的铁箭头，"我不但想起了先生说过的事，还想到了我爷爷讲过的，'郑家军'里不但有赫赫有名的勇士和大将军，还有好多能工巧匠，他们不但自己打制兵器，还自己酿酒、织布、制作乐器呢！"

"什么'郑家军'？'郑家军'是咋回事？"

"他们打制兵器干什么？那是啥年月？快给我们讲讲！"

几年前，小嘉庚就在这里听到了两位老者讲述"郑家军"抗击倭寇、英勇杀敌的故事。那些讲述深深地印到了他的脑海里。自那以后，无论是走在街头还是晚上在大榕树下纳凉，只要大人们说起有关"郑家军"的话题，他都会专心致志地竖起耳朵听个究竟。他和小伙伴们玩耍时也会经常往这里跑，除了捉虫摘果，更主要的是这里有当年"郑家军"留下的营垒、大寨和城防。

"想什么呢，快讲啊？"

小嘉庚的思绪回到了眼前，"好！你们跟我走，我让你们边看边听！"

就这样，一帮孩子跟着小嘉庚登上了独崖山顶当年"郑家军"的大营遗址。

在独崖山顶，面对当年"郑家军"留下的一处处城墙、垛口和营门，小嘉庚像几年前那两位老者那样，给同伴们讲起了"郑家军"的故事。

小嘉庚把几年前从老者那里听到的、在学堂里从陈令闻先生那里问到的，都讲了。

听完后，小伙伴们个个意犹未尽。

"郑成功后来哪去了？"

"那个在这里驻扎过的刘国轩大将军，后来怎么样了？"

陈吾三觉得他们问得太傻了，"他们都死啦！死了200多年了！"

小嘉庚也和其他小伙伴一样，明明知道这是事实，心里却不愿相信。

日头偏西了，到了该回家的时间。几个小家伙依依不舍地离开了"郑家军"的大营遗址，走下了独崖山。

晚上，小嘉庚又和往常一样，吃过晚饭就告诉妈妈，他要出去"听故事"了。

陈家祖居的村子里，有一棵生长了几百年的大榕树。天气晴好的时候，晚上会有好多村民聚集在大榕树下。

生长了几百年的大榕树撑开它巨大的树冠，好像在为人们撑开一把巨大的伞。村民们坐在树下，纳凉、喝茶、谈天说地。这是劳作了一天后人们消闲的时光，大家互相交流着各自从田间地头、海上码头听来的新闻趣事，更多的时候，会讲一讲过去的故事。小嘉庚对此非常感兴趣。关于郑成功率领的"郑家军"，当年驻扎在集美一带，由大将军刘国轩统领的部队，还有留在独崖山上的那些遗迹，大榕树下的人们陆陆续续都讲过。正因为如此，今天白天他在独崖山上，才能对小伙伴们娓娓道来。

坐在大榕树下，小嘉庚又想起了白天在独崖山的事，想起了那些收复祖国宝岛台湾，英勇打击日本倭寇的将士们。他希望那些长辈们，今晚能再讲一些有关他们的传说。可是，今晚人们的话题不知怎么就集中到了早年那些漂洋过海讨生活的人身上去了。

"都说'人为财死，鸟为食亡'。也未见得都那样吧？"

"你说得对！真就有不财迷的人。他们赚了钱，会干大事，真真是舍财取义！"

"可他们当初漂洋过海，为的就是挣钱啊。"

"那自然。要不是穷，谁肯抛家舍业、背井离乡地到南洋去呢？"

"可是，人在异国他乡待久了，看到外国人那么耀武扬威地欺负中国人，心里就无法平静了。去国更爱国，离乡倍思乡啊！"

"你看他们，在海外省吃俭用，把每个能省下来的钢镚都汇回来，为的就是老婆孩子过得更好点儿，也为了能让家乡早点建设起来！"

"所以，才会有那么多人，将辛辛苦苦赚的血汗钱捐给国家、捐给故乡。"

"是啊，是啊！"一个一直把水烟袋吸得咕噜响的老人，放下了水烟袋。

"看看我们乡里的这些路、这些桥，娃子们进的私塾、学堂，还有海边的护堤、水边的塘坝、山上的庙宇……它们可都记着，记着那些老番客①。一茬又一茬的老番客用海外赚的血汗钱，为家乡做了多少好事啊！"

接着这位老人的话头，人们七嘴八舌地讨论起来。

同安县的番客杜文良，在缅甸经商，曾用30多万两银子，赈济家乡灾民、修桥、盖校舍。

多年在菲律宾打拼的番客陈谦善，在家乡置办田地，把那些田地作公用，收获的粮食和换得的钱财，统统用于赡养乡间的孤寡老人和孤儿。

旅居马来西亚的番客柯祖仕，深感一个国家国民没有文化的悲哀，于是把自己赚得的钱拿回故乡，设立了免费的私塾，给穷人家的孩子们读书用。

同安县的印度尼西亚番客黄志信，看到家乡没有一条像样的旱路，很多土特产丰收了，却运不出去，卖不上钱。他便出资修建了多条通往外界的道路。遇到荒年、灾年，他还出资买米接济灾民。

缅甸、新加坡、菲律宾、马来西亚、印度尼西亚……那么多国家都有中国的番客，他们中的很多人一辈子也没忘了

①番客：番，指外国或者外族；番客，历史上民间用来指客居在外国的中国人。他们就是今天所说的"华侨"。在"华侨"这个名称没有普及之前，包括福建在内的沿海很多地方，都把在海外谋生和在外国客居的中国人称为"番客"。

自己的家乡，没忘了自己是中国人。他们是多么希望自己的
国家能强大起来啊！

小嘉庚听着人们讲的那些人物和故事，听着人们发出的
议论和感慨。

曾有那么多的军人，为了保卫中国的领土、领海，为了
维护中国的尊严，抛头颅、洒热血，战死在沙场。又有那么
多和阿爹一样漂洋过海的番客，毫不吝啬地出钱出力，为的
是什么？为的就是让家乡富裕起来，不让中国挨欺负，让中
国人能够抬起头来。

小嘉庚知道，人们谈论的那些可敬的番客们，已经作
古了。

可是，他们的事迹和精神，依然活在人们的心中。

月光下，小嘉庚举头眺望着天马山，眺望着在朦胧的月
色中巍峨起伏的峰峦，水天一色的浩瀚大海，他仿佛看到了
山水之间那些先贤和英烈们远去的背影。

第九章
帆樯悲歌

　　妈妈又给小嘉庚生了一个小弟弟，取名为陈敬贤。

　　在逐渐长大的这几年里，小嘉庚敬慕先贤、敬仰英烈的情感，一天比一天浓烈。阿爹给小弟取的"敬贤"这个名字，小嘉庚特别中意，所以他对小弟除了同胞之情，又格外多了一重喜爱。

　　为了让妈妈更好地照顾小弟，身板结实又勤劳的小嘉庚就把田里和家里的活计杂事，更多地担到自己的肩上。

　　陈令闻先生主持的陈氏家塾学堂在课程设置、教学方法上独树一帜，但在其他方面也只能入乡随俗。一到农民和渔民活多忙碌之时，家塾也会像那些私塾一样及时给孩子们放假，让他们回去帮大人干活。

现在，小弟大一些了，妈妈经常把他背在后背上，到田里和滩涂去干活。

这天，小嘉庚和妈妈到海边自家养的蚝堆去剥蚝。

烈日当空，火辣辣地晒着海水和大地，湿热的白气缕缕蒸腾。

海岸边一片一片的芭蕉树垂下了它们肥大的叶子。高大挺拔的椰子树，本来是喜欢婆娑起舞的，可这会儿也懒得展示它们的舞姿了，只在有海风吹来的时候，偶然动一下。

多亏有海风！还能不时地给烈日下劳作的人们送去沁人心脾的清凉。

"嘉庚，到树荫下去歇会儿吧！"妈妈看着双手不停翻飞、脸上不停滚落汗水，心疼地说。

小嘉庚抬起头，回应道："我不热，娘！"他想快点把蚝堆剥完。可他看到背着小弟的妈妈一直和他一样在烈日下剥蚝，他知道要是他不休息，妈妈也不会休息的。于是，他笑呵呵地说："好，我们歇会儿再干！"

小嘉庚扶着娘，走向海滩边的椰子树下。

"嘉庚，去，洗个海水澡，到海里泡泡吧。"妈妈一边给小弟喂奶，一边指着大海。

此时溽凉的海水，真是莫大的诱惑呀！可小嘉庚想陪着妈妈，坚持不去洗。

"娘，我给你说一个字吧！"

"好呀！"妈妈显得特别高兴。儿子的个头儿在一天天长高，学问也在一天天见长，小嘉庚时常给妈妈讲一些从陈令闻先生那儿学来的知识。

"娘，你说，咱们陈家的这个'陳①'字，还有什么意思？"

"还能有什么意思？它不就是一个姓吗？"

小嘉庚得意地笑了。只见他从海滩上捡起一根涨潮时推上来的粗树枝，在松软、细腻、平展展的沙滩上写了一个大大的"陳"字。然后，给娘讲了起来。

我们的先生说："'陳'也有'陣'的意思。娘，你看这个'陣'，它的左边是个'耳'，右边是个"車"。战马拉着战车在奔腾，耳朵在听车辚辚、马萧萧的声音。所以，'陳'在古代还有排兵布阵的意思呢！"

妈妈听着听着，站起身来，她抱着弟弟敬贤，兴奋地盯

---

① "陈"是简体字，而它的繁体字是"陳"。1956年之前，中国使用的一直都是繁体字。陈嘉庚小时候用的是繁体字，那时的"陈"都写作"陳"。

着小嘉庚，"说得真好！我的儿子可真有学问呀！"

"娘，不是我有学问，是先生有学问，这都是他给我讲的。"

母子二人说得正在兴头上，从海堤上走来一位老伯。

看样子那老伯刚刚从海上回来，他肩上搭着渔网，赤着双脚，挽着裤管，脚步匆匆。

"杞柏家里的，"走到跟前时，老伯对小嘉庚的娘说，"快和孩子回去吧，不要待在海滩上了。"

"他老伯，怎么了？"

"法国的军舰强行开进了闽江口，好几艘舰船朝泉州湾、围头湾这边开来了，有的渔船都碰上了它们。要开海战了！"

什么？开海战？

"法国的舰船上都有大炮，那大炮一打起来，弹片乱飞、不长眼睛。快领孩子们回家吧！这些天都不要来海边剥蚝了！"

说罢，那位老伯就匆匆离开了，看样子是去准备告诉更多在海边干活儿的人们。

小嘉庚朝着东边闽江口、泉州湾的方向瞭望。老伯传达的消息，让他的心突突地跳。

"嘉庚，快收拾一下，咱们回家。"

一连数天也没听到炮声。

尽管没听到炮声，但妈妈也不让小嘉庚再到海边去剥蚝了，也不许他和小伙伴们再到海边去玩耍。

小嘉庚每天就到坡上的几亩田里去锄地、拔草、施肥。

人们刚把悬着的心放下来，隆隆的炮声就打破了小渔村的宁静！

那是1884年。

7月中旬，法国军舰开进了闽江口，进入马尾港，对福建沿海各处的要塞虎视眈眈。

当时清朝政府有好几个重要官员就在福建——主持福建军务的钦差大臣张佩伦、闽浙总督何璟、船政大臣何如璋、福建巡抚张兆栋、福州将军穆图善等。可他们通通接到了朝廷的训令：不要惹法国人，更不要激怒他们。紧跟在这条训令后面的，还有一条杀气腾腾戒律：不许和法国开战！违者，即使胜了法军，也要斩首！

软弱无能的清朝不是把刀剑指向侵略者，而是把它悬在了中国海防军人的头上。于是，那些当时身在福建的朝廷命官和军人，统统对法国点头哈腰，不但不对它们的侵入予以阻拦，反而给予热情的款待，他们还给中国福建水师的各个舰船下了死命令：不许向法国军舰开炮。

清朝政府的软弱无能已经在世界上出了名，所以法国得寸进尺，借清朝政府企图通过谈判实现苟和之机，一面狮子

大开口地向清朝政府开出高额的赔偿要求，一面进犯中国台湾的基隆。

法国政府在进犯基隆受挫、敲诈勒索不成之后，终于恼羞成怒，扯去了最后遮掩的面纱，命令它的远东舰队消灭中国的福建水师！

当时清朝政府在福建的官员们，先是对下面封锁消息，向法国舰队低三下四地求和。等到所有苟且偷安的企图都破灭后，这才匆忙做应战的准备。但一切都晚了。

1884年8月24日下午1点56分，指挥法国远东舰队的司令海军中将孤拔，趁落潮之际，命令早已把炮口指向中国舰船的法国军舰，一齐开炮！

而这时中国福建水师的大部分舰船还停泊在港口里没有起锚呢！完全被法军当成了活靶子！

经过了大约不到半小时的猛烈炮轰，中国福建水师的兵舰11艘、运输舰19艘，几乎全军覆没，除了两艘逃至上游、搁浅在那里的军舰之外，其余的全被击沉！中方官兵伤亡惨重。

接着，法国军舰又开始炮轰那个设在福州，经营了20年的船政局造船厂，还有沿海多处的炮台、民房，并在沿途对普通的中国渔船进行大肆损毁！

这是法国首先在中国的马尾挑起战端，所以历史上将这场以中国大败告终的海上之战称为"马尾海战"。

帆，是借助风力推动船只航行的重要设施。樯，则是船只上用来悬挂那些巨大篷帆的桅杆。

昔日，清朝政府福建水师的11艘兵舰，19艘运输舰，停泊在中国近海的海面上，高大的桅杆就像一片海上森林，高悬的樯帆如同巨大的翅膀。中国百姓看得到，那是自己国家的海防力量。可是，这些"海上森林""巨大的翅膀"，在"马尾海战"之后，永远地在中国的大海上消失了。

小嘉庚听到这个消息之后，愤怒不已！悲伤至极！

几天前，他还在海滩上给妈妈讲"陈"字的含义：在古代，它可是排兵布阵的意思。可是，在腐败无能的清朝政府统治下的中国，面对肆无忌惮的侵略者，却排不出御敌之兵，布不出灭敌之阵！

第十章
瘟疫像乌鸦一样到处乱飞

中国一支重要的海军力量，曾经赫赫有名的福建水师，没了。

它的大型兵舰、运输舰，没了。

苦心经营了多少年的造船厂，也没了。

中国的大海为什么总是那么苦涩？因为多少年来，它吞咽了太多类似福建水师被毁的帆樯悲歌。

发生在家门口的海战，让孩子们直观地感受了什么叫战争，西方列强是怎么回事，那些炮艇是怎么闯进来的……好多孩子都对那幅"世界地图"上心起来，小嘉庚从陈令闻先生那里又听到了好多知识：关于地球、海洋、东方、西方，以及世界上除了中国之外的其他国家。小嘉庚已从一个无忧无虑的儿童，长成一个心里开始装进越来越多的沉重与梦想的少年。

妈妈发现，儿子的话明显比以前少了。

少年的陈嘉庚久久难以释怀。他无法淡忘发生在家门口的"马尾海战"，更忘不了陈令闻先生讲过的那些话。心中翻腾着中国历史上曾经有过的光荣和骄傲，梦想着有一天中国能重新强大起来，真正像一位东方巨人那样，顶天立地，傲然于世界民族之林中！

福建沿海的人们刚刚送走法国侵略者的阴霾，天地刚见几分清朗，瘟疫又来了。

江南的四季大都闷热、潮湿，这样的气候和地理环境非常适合病菌的繁殖和扩散。疫病在历史上发生了很多次，江南民众对它并不陌生。可是，这次的瘟疫却不比寻常，它一发生便来势凶猛！仅仅几天的时间，就陆续夺走了陈家附近街坊邻居的数条人命！

学堂又放假了。

这回不是因为要让孩子们回家帮大人干活，而是因为瘟疫。越是人群集中、人口稠密的地方，疫病越容易传染和漫延。

妈妈要首先照看好年幼的小弟敬贤，同时她又提心吊胆地想着怎么看护好小嘉庚。而小嘉庚不但不用她操心，还像一个大人那样，担起了家中的大小事务，成了妈妈的主心骨。

"娘，庭院内外和房子四周，我又打扫过，都重新洒上白灰了。"

小嘉庚从外面进屋，抹了一把脸上的汗水。白灰能消毒，在没有现代这些消毒药物之前，白灰是进行环境消毒最管用，也是最廉价的消毒剂。

每天，小嘉庚都对庭院、房舍进行一次清扫，然后撒白灰进行消毒。

学堂放假了，小伙伴中也有人倒下了。

令妈妈无比庆幸的是，小嘉庚没有生病。他儿时上山玩耍时，从采挖中草药的大人那里陆续认识了一些中草药，妈妈又教他识别哪些中草药是最能去火、解毒、杀瘟的。在瘟疫流行的日子里，他经常去山野里采挖那些中草药，回来由妈妈将其熬成汤汁，不仅自家用，还分给邻居们。

由于瘟疫越来越厉害，死的人也越来越多。妈妈放心不下，她不再让小嘉庚往外跑，去山野里采药了。

可小嘉庚看到，那些喝下草药汤汁的邻居们明显比没有服用过草药的人更有抵抗力！他不想让妈妈担心，同时又很着急，如果乡亲们每家都有能识别草药的人就好了！可现在

去教他们也来不及了。他想起陈令闻先生教的《治家格言》里的一句话：宜未雨而绸缪，勿临渴而掘井。注重卫生、识别中草药，每个人应该在平时就掌握这些，如此一来，当瘟疫发生，才会有更多的人懂得如何自救。

正是少年时这段有着切肤之痛的经历和感悟，让多年后长大成人的陈嘉庚一直特别关注与大众相关的医疗卫生方面的问题。他期望更多的中国同胞、缺医少药的劳苦大众，都能掌握一些相关的医药知识，遇到疫情和疾病后，能够自救。

"余二十余岁时，在新加坡见友人珍藏一本药书，名曰《验方新编》，云某友赠送，无处可买。据友人所言及余自己经验，其方颇有应效，余甚为注意。窃念我闽乡村常乏医生，若每村有此一本……"陈嘉庚在《南侨回忆录》中这样写道。

陈嘉庚认认真真地看完了那本《验方新编》，怦然心动！中国广大的乡村民众，多需要这样一本药书啊！通俗易懂不繁难，里面的方剂用药多数都可就地取材，不用花钱或者只需花很少的钱，就能获得良方药剂。那时陈嘉庚的生意还没有做得多大，资金对他来说非常重要，可他还是自己掏钱印了这本书，"共印六七千本，书面标明'同安集美陈家奉送'。"后来他发现，由于印刷商和流通渠道上的问题，有一些《验方新编》被压在了库里，另外还有更多民间提供的好验方没能收进书中。

陈嘉庚决定出更多的钱广泛征集验方，并且让内容更科学、更实用、更具可操作性。"过后多年……广集国内及南洋经验良方，以增补该书之不足……在天津、北平、汉口、郑州、南昌、长沙、济南、安庆、南京、杭州、上海、福州、厦门、香港、广州、梧州、汕头，及南洋各大埠，登报日广求云：'凡存有经验良方，乞勿居奇守秘，请惠示济众，将药方及住址写明寄交余商战或报馆代转'"为此书，陈嘉庚前后共付出了8000多现大洋。

多年后，陈嘉庚还是会不时地想起小时候家乡的那场瘟疫。

没有人统计过，当年那场大瘟疫中共有多少人失去了生命。

但根据相关数据，即可一窥那场大瘟疫肆虐的淫威：陈家的族亲有30余户，那30多户中有100多口人，幸存下来的只有半数。

在整个集美，这样的情景不只出现过一次：早上，这个人还在掩埋某个死者，到了下午或晚上，这个人就死去了，被别人掩埋。所以当时流传着这样一句悲语："早上我葬人，晚上人葬我"。

所幸，小嘉庚、妈妈、弟弟敬贤都躲过了那次劫难，抗过了那场大瘟疫。

灾难伤人也砺人！

走出那场灾难的小嘉庚，懂得了很多风平浪静时感觉不到的东西：生活会有意外，人生会有灾难。当意外和灾难发生时，不能悲观、不能绝望、不能放弃！要勇敢面对、积极处置，树立战胜它们的信心和决心！

任何灾难都不能肆虐太久。

无论如何阴雨，太阳迟早会重新升起。

第十一章
沙子！沙子！

陈嘉庚14岁了。

这年冬天，一起因村民械斗引发的血案给了少年陈嘉庚别样的触动和震撼，让他思考了更多以前从未想过的事情和道理。

一开始，仅仅是两家因建房争地而引发了口角，张家说李家过界盖屋，李家说张家早就侵占在先，彼此各不相让。但是，事情慢慢从两家的争斗，发展为各自所属的族群的矛盾。刀枪棍棒、斧钺钩叉在发疯的两伙人头上呼啸飞舞。最后双方各死伤十余人，焚毁房屋十多间！

官府出面，这才平息了两姓族群的恶斗。

嘉庚的妈妈在集美是一个有口皆碑的贤

妻良母，人们都记着她做的那些扶危济困的好事，所以张、李两家都不排斥她。事前，当她发现兆头不好的时候，就曾多次前往两家做工作，劝他们各自退让一步。遗憾的是，她的努力没能奏效。

血案发生之后，嘉庚的妈妈发现，虽然官府把事情压下去了，但平息只是暂时的，两个族群之间的仇怨根本没有化解，他们还在暗暗地酝酿着新的报复和械斗！

不能让两个族群再打下去了，不能再让死人毁屋的悲剧继续发生了。

妈妈放下了自己的事情，频繁地往返于两个族群，苦口婆心地劝说，条分缕析地化解。当她逐渐了解到两个族群都因为那场恶性械斗损失惨重，甚至有的人家生活都无以为计时，她毅然做出一个让小嘉庚意想不到的决定——自己拿出积蓄多年的数百银元，抚恤双方死难者的家属，代赔双方遭受的损失！而她的要求只有一个：让两个族群答应，从此抛弃仇怨、永不再战。

嘉庚妈妈的侠肝义胆，让双方都大为震惊，深受感动！

谁都清楚，嘉庚妈妈和事情没有一丝一毫的关系。她本来无须管，像许多人那样袖手旁观。但她却为了让乡亲们过上正常的日子，仗义地站出来调停。更让他们无地自容的是：

他们因为蝇头小利酿成的血案，却让她大义解囊来平复双方——她付出的不只是苦口婆心的劝说，还有那多年省吃俭用积蓄下来的银元，那可是一大笔钱啊！

参与械斗的人们感到很愧疚，彼此的怒气陡然像退潮的海水。终于有一天，两姓的族长走到了一起，他们代表各自族群的人握手言和。同时他们向小嘉庚的妈妈以及集美的其他村民郑重地承诺：再也不打了！如果两姓之中有人再言战、挑衅，就开除他的族籍！

从始至终，小嘉庚都是妈妈的铁杆支持者。每次妈妈分头到双方那里去做工作时，他都会陪妈妈一起前往。他没想到，妈妈会把那么难的事做成了。这让他心里生成了这样一个信念：世上再难的事，只要付出努力和心血，就能完成！同时他还从妈妈身上学到了在调解纠纷、化解矛盾的过程中，怎样倾听双方的意见，怎样向双方坦言利弊得失，以及怎样一点点消除双方心中的愤懑。

不仅如此，他还想了更多更多。

为什么要因为一点小事就大打出手呢？一言不合就大打出手，那不是勇敢，是野蛮；不是能耐，是恶劣。陈令闻先生说过，在人际交往发生矛盾的时候，最愚蠢无能的人才会用拳头去解决问题，而这只能让事情变得越来越糟，越发不可收拾。

这件事还让少年陈嘉庚一直思考一个词：团结。

中国人不团结？可是张、李两姓在持续升级的冲突械斗中，不是表现得很团结吗？只是那种团结做的是愚昧的事。如果全体中国人在一致对外时也能表现出那样的团结，谁也不去投靠侵略者，谁都不去当汉奸，那么还会有人胆敢欺负中国人吗？

散着的沙子是没有力量的，可你看海滩上的那些沙子，它们抱成团、结成了一个庞大的集体，千年万年地护卫着海岸！尤其是当沙子结成混凝土的时候，它们就举起了高大的楼房、参天的大厦！

中国人像沙粒一样众多，我们是懂得团结的！少年陈嘉庚再次想起郑成功率领的那些中国军人的事迹，想起那些把自己辛辛苦苦挣到的血汗钱拿回来帮助乡亲、建设祖国的华侨，他们的心始终紧紧地依傍着故乡和祖国啊！

有一天，学堂放学的时候陈嘉庚没有像以往那样回家，而是等在学堂大门外。陈令闻先生出来时发现了他。

"嘉庚，有事吗？"

"老师，您说咱们中国能强大起来吗？"

"能！"

"怎么才能让中国快点强大起来呢？"

陈先生沉吟了半晌，说："嘉庚，这不是我一个教书先生能回答你的。不过我不妨把我的想法说给你。国强，首先必须民强；民若强，必须摆脱愚昧和贫困；若想摆脱愚昧和贫困，就得让国人普遍受教育，使他们有文化、有知识、有技能……"

"先生，我们会有不被外国列强欺负的一天吗？"陈嘉庚望着陈令闻先生，又问。

"会的！嘉庚，中国一定会挺立起来，强大起来！"陈令闻先生重重地拍着陈嘉庚的肩膀。

那天，师生二人谈了很久。

少年时的所见所闻和所思所想，都在未来的岁月里呈现了出来，呈现在了陈嘉庚为了国家和民族所做的事业中。

很多年之后，一直对中国虎视眈眈的日本帝国主义先是制造了"九·一八事变"，又制造了"七·七卢沟桥事变"，发动了对华的全面侵略战争，中国的全面抗战也随之爆发。1937年8月15日，陈嘉庚团结众多华侨，发起成立了"马来亚新加坡华侨筹赈祖国伤兵难民大会委员会"，并担任主席，捐募新加坡币1000万元，支援祖国的抗日战争。

1938年10月，为了更好地募集钱款和物资支援祖国的抗战，南洋各地华侨爱国团体在新加坡召开大会，成立南洋华侨筹赈祖国难民总会——简称"南侨总会"。在众多德高望重的华侨中，陈嘉庚被推举为总会主席。

1940年3月，陈嘉庚又组织了南洋华侨视察团，辗转回国慰问抗日军民。他先是把希望寄托在蒋介石的身上，可他逐渐发现蒋介石根本不像想象中的那样。很多青年学生纷纷奔赴延安，一些外国记者都在报道共产党的八路军艰苦抗日的事迹，而蒋介石却总是说延安的坏话，诋毁共产党。

陈嘉庚决定亲自去延安，看看共产党究竟是什么样的。蒋介石和国民党集团的"好心劝阻"没用，设置的重重障碍他也不惧，他鞍马劳顿、历尽艰辛，终于在当年5月31日到达延安。陈嘉庚在他自己后来撰写的《南侨回忆录》中这样写道：

"余久居南洋，对国内政治，屡有风闻而未知事实究竟如何。时中共势力尚微，且受片面宣传，更难辨黑白……直至回国慰劳并至延安视察……其勤劳诚朴、忠勇奉公，务以利民福国为前提，并实行民主化，与民众辛苦协作，同仇敌忾，奠胜利维新之基础，余观感之余，衷心无限兴奋。梦寐神驰。为我大中华庆祝也。"

第十二章
是虫，还是龙？

陈令闻先生去世了。

这位与时俱进，德行与学问都让人无比敬佩，却英年早逝的知识分子，怀着对时事无尽的忧愤和对中华民族崛起的无限憧憬，匆匆离去了。

少年陈嘉庚伤感、痛苦。

随着恩师的去世，集美陈家私塾也不复存在了。嘉庚失学在家。

在集美这个小地方，人们让自己的孩子进学堂并没有更多的理想和期待，只是想让孩子日后不当"睁眼瞎"，若能记清往来账目，会写家信和简单的契约，就是乡里了不起的"秀才"了。在这方面，陈杞柏也不能免俗。况且，儿子早就超出了这个水平。

陈杞柏没有像陈令闻先生希望的那样，让儿子继续到新式学校读书深造，而是从南洋写信回来，令嘉庚赶赴南洋，去新加坡做事。

妈妈也看出来了，儿子自老师去世后心情非常苦闷，这时出去走走也许会好很多。可是，儿子毕竟才17岁啊！

没想到，嘉庚毅然回复父亲：他去新加坡！

1890秋，年仅17岁的陈嘉庚告别母亲，从厦门登上了开往新加坡的"美丰号"客轮。

同船的300多乘客，有260多人都是去南洋打工的苦力，他们当时被洋人称为"猪仔"。看到祖国贫弱的现实，看到同胞被异族视为"猪仔"，陈嘉庚的内心就和满眼的大海一样，翻腾起伏！

在海上颠簸了一个多月后，陈嘉庚的双脚踏上了新加坡的土地。

这时父亲陈杞柏的生意已经做大，先后成立了多家以"安"为号的米店，有"顺安""德安""复安"等，有的独家经营，有的合伙经营。其中的"顺安米店"由陈杞柏亲自管理，是他赖以起家，规模最大的米号"旗舰店"。

17岁的陈嘉庚在新加坡一落脚，肩膀上便被压上了超负荷的担子。他是学徒，还是杂役，他要学着如何做生意，也要协助叔叔管理钱银货账，相当于助理会计、助理出纳，同时还要兼任整个商号的文书。

从中国的集美乡下，一步迈进全然陌生的新加坡，陈嘉庚没有时间熟悉一下地界、适应一下环境就开始忙碌了。他有学不完的知识、做不完的事务。

新加坡当时还不是一个独立的国家，而是英国的一块殖民地。那个时候的新加坡，穷苦人流血流汗、悲歌不断，富人和冒险家灯红酒绿、纸醉金迷。大街小巷中有乞丐、流氓、村妇、歌女、拉洋车的苦力，也有坐在洋车上兜风的阔少和贵妇；而街上的建筑有趴趴房、贫民窟，也有西餐店、咖啡馆、半遮半掩的红灯区。鱼龙混杂，对比鲜明。

刚去新加坡时，陈嘉庚要经常出门办事。他会到很多地方，遇到很多人……

在那样充满诱惑的地方，年轻人如果不能很好地把持自己，真是随时都有堕落的可能。

眼花缭乱中，陈嘉庚让自己随时保持清醒。他一直记着，自己是一个中国人，此时的中国还是一个积贫积弱的国家。他的国家还不能为他提供保护和支撑，他的父亲每天也是活得小心翼翼。所以他必须自立自强，为未来的事业拼搏。有朝一日，他还要为中华民族的崛起做贡献。

年轻的陈嘉庚，坚定地抗拒了所有堕落的诱惑。

每天，陈嘉庚起得最早，然后便马不停蹄地为生意而奔忙。他忠恳勤勉，尽心竭力地做事。相当长的时间里，来往于"顺安米店"的外人谁也没看出来他是老板陈杞柏的儿子，都以为他是商号雇佣的伙计。

那些用力生活的人，每天的太阳都会给他新的任务，而每天的月亮都会为他盘点新的收获。陈嘉庚很快便熟悉了与米业经营有关的所有业务，能够独当一面地处理经营上的各种问题，并且学会了如何去适应瞬息多变的市场情况。

随着介入得越来越深，了解的情况越来越多，陈嘉庚也发现了一些他未曾想到的事情。"安"字号的米店中，除了叔叔当经理的"顺安号"，其他的几个商号都存在着"金玉其外，败絮其中"的情况！

问题出在陈嘉庚的二妈身上。

当时的习俗是在外谋生的男人，除了老家的妻子之外，还可以在谋生地再娶一个妻子。陈杞柏早在多年前就在新加坡娶了第二房妻子，姓苏，人称苏氏。苏氏的一些亲戚，由陈杞柏出钱资助，也陆续地开起米店来，以"成"为号，有"庆成""益成""智成"等20多家。苏氏亲戚的那些米店经

营得很差，但都很善于借陈家的"安"字号米店获利，或直接从"安"字号米店中捞好处。不仅如此，那位苏氏还嗜赌成性，常年游手好闲，不是招一些三姑六婆到店中聚赌，就是外出与各色人等交际宴饮。日复一日，谁也说不清有多少资产被她靡费、输掉了。

陈嘉庚看在眼里，急在心里，但他什么都不能说，毕竟苏氏是父亲的二房妻子，是他的长辈。他也不知道怎样和父亲提这事儿。

陈嘉庚没有因为家中的那些人和事就对自己懈怠。他克勤克俭地工作，资金周转、进货出货、利润核算……陈嘉庚的业务能力日益精湛，大小交易和收入支出也件件清楚、笔笔翔实，他绝不从中牟取任何私利，给员工们树立了实实在在的榜样。

年底，叔叔因年龄和身体的原因，以及无法在苏氏和自家兄弟之间从容做事，辞去了"顺安米店"的经理之职，回国。

论资历、论人品、论能力，没有人能再成为陈杞柏的得力助手。

陈杞柏虽然在很多事上都睁只眼闭只眼，假装糊涂，但在观察自己的儿子上一点也不糊涂。他嘴上不说，但心里清楚，儿子陈嘉庚比自己那个岁数时强太多了。陈杞柏果断做出了决定：将偌大的"顺安号"，全权交付到当时还不满18岁的陈嘉庚手里。

陈嘉庚成了安字号旗舰店"顺安"的经理。

经商，表面上经营的是"商"，实际上经营的是人。把人和人际关系中的破坏性因素降得越低，商业上的成绩就会越大。虽然当时陈嘉庚还很年轻，弄不清太复杂的事务，但他却能把陈家商号观察得非常仔细。自从接手经理一职之后，怎样做他想得很清楚，那就是：开源、节流。开源，就是把生意的渠道扩展得更开，生意更兴隆，利润产生的也就更多。节流，就复杂了，对陈家商号来说，当务之急，就是不能只有前面挣钱的人使劲，而挣来的钱却用不到正地方。陈嘉庚对此比较犯愁，因为这就意味着，不能再让二妈苏氏以及她的亲戚们随意地把"顺安号"当"唐僧肉"，想吃多少就吃多少。

做起来很难，但必须要做好。

陈嘉庚对二妈苏氏说，不让她"劳烦"商号里的事了，他会每个月从"顺安"号利润中划出一些钱，让她白拿。苏氏以前的"劳烦"，无非是要证明她干活了，有功劳，所以她有资格从米号里拿钱。但现在不用去店里了，还能白拿钱，这对好逸恶劳的她来说求之不得。而对陈嘉庚来说，苏氏不再掺和店里的事儿了，虽然每个月的钱是白拿，但毕竟可控了，不再是无底洞。

如此安顿了苏氏，也就巧妙无声地与她那些亲戚分割开了。陈嘉庚做陈嘉庚的生意，他们做他们的生意。

很多时候，让利就是获利，舍就是得。

陈嘉庚处理内部事务有战略眼光，与外界的生意往来也有战略格局。他想的从来不是独赢，而是双赢互利。有时，他宁肯吃点亏，也要坚持自己诚信守诺的原则，维护好与客户的长久合作关系。陈嘉庚的公司在1929年制定过一个《陈嘉庚公司分行章程》，那个"章程"上面印着这样一句话：与同业竞争，要用优美之精神与诚恳之态度。

任职一年，陈嘉庚就让"顺安米店"获得纯利润6000块大洋！

在当时的同行业中，这样的获利数目是相当惊人的。左右商号和华人的店铺都吃惊地注意到：陈杞柏有个名叫陈嘉庚的儿子，他年轻忠厚、刚毅勤勉、聪慧敬业、出手不凡！

于是，从新加坡经商的一些著名华人富商口中，开始越来越多地听到这样的话："跟'安字号'做生意，大可放心。那个叫陈嘉庚的年轻人，未来不可限量！"

3年后，陈嘉庚遵父母之命回乡结婚。

18岁的新婚妻子名叫张宝果，是邻乡秀才张建壬的女儿。张宝果不仅眉清目秀、容颜姣好、端庄大方，而且是一个心怀大义、知书达理的新女性。在妻子的全力支持下，第一次衣锦还乡的陈嘉庚便完成了少年时心中的一个夙愿，他做了一件令远近千万父老乡亲赞不绝口的大好事！

原来，自从陈家办起家塾学堂后，"南轩私塾"就停了。而陈令闻先生去世之后，陈家学堂也停办了。从那以后，集美再没有一家学堂。大批适龄的儿童只能每天在外面疯玩，这其中就有陈嘉庚的小弟弟陈敬贤。

陈嘉庚人在南洋，心系故乡，一直急在心里。国家要强盛，就需要大批具备良好素质的民众，民众若想有好素质，就必须从儿童抓起，接受起码的教育，掌握相应的知识和技能。他萌生了出资办学的念头，让他意外又高兴的是，妻子张宝果全力支持自己出资办学！于是，小两口儿出资盖起了一所白石、青砖、红瓦的大房子，这就是"惕斋学塾"。

集美又有学堂了！而且孩童入学，全部免费！

只有陈嘉庚的妈妈知道，盖房子、请先生、建学堂所用的2000块大洋，是小两口儿的全部积蓄啊！

入学的孩童全部免费，没有任何学杂费的收入。给先生的薪水、学堂的种种开销，都由陈嘉庚自己承担。而陈嘉庚

对任何人都不曾提起过那都是自己的钱，他只是悄悄地安慰妻子："钱财如水，有去有来，我们还会有钱的！"

在接下来的岁月里，为振兴祖国的教育事业，为培养能够懂得现代技术的各种专门人才，让他们成为发展中国民族工业的先行者，陈嘉庚把他一生创业赚到的大笔金钱几乎都用到了兴办各类学校上。继"惕斋学塾"之后，陈嘉庚又创办了集美小学、集美中学、集美师范，以及和国家工业、国计民生直接相关的水产学校、航海学校、农林学校、商科学校等。为了让那些学校都能坚持下去，最困难的时候，陈嘉庚曾经把自己的别墅抵押了出去。1921年，陈嘉庚又用自己的全部积蓄，创办了福建省的第一所大学——厦门大学。他说过：宁可卖大厦，也要办厦大！

中国各省都有一个简称，比如四川的简称是"蜀"，湖南的简称是"湘"，福建的简称就是"闽"。这个"闽"是"门"字里面一个"虫"。福建人向来就有漂洋过海、外出打工谋生的传统，很多人离家时一无所有，几年、几十年后竟在国外成了富商。所以，人们就根据福建"闽"这个简称，说福建人"窝在家里是个虫、走出家门就成龙"。这句话对所有漂洋过海的福建人来说未必准确，可用它来说陈嘉庚，却再恰当不过了。

在其后的几十年中，陈嘉庚先后成为生意遍布东南亚的"米业大王""罐头大王""橡胶大王""航运大王"。他的企业由小慢慢做到大，蒸蒸日上，生产和经营的菠萝罐头、橡胶制品行销全球，他让中国人制造的商品与"中国"两个字一起，与中国人的聪明、才智、自强不息的精神一起，传遍了整个世界。

第十三章
流泪的树

　　在儿子陈嘉庚的精心操持下，陈杞柏的事业达到了巅峰，净资产曾经一度高达60多万。

　　春风得意的陈杞柏自满了，他过起了和很多富翁一样的生活。不仅花钱大手大脚，还当起了"甩手掌柜"。

　　在苏氏的建议下，陈杞柏决定除"顺安米店"外，其余的业务统统交给他与苏氏生的儿子——17岁的陈天乙。

　　陈天乙生在新加坡，长在新加坡，从小到大一直都过着少爷般的生活。而陈嘉庚的成长经历让他从小便养成了劳动的习惯，练就了劳动的能力和本事。虽然都是17岁开始管理店铺，但两兄弟的能力根本无法相提并论。

陈天乙做生意能力不足，也不懂用人之道，耍小聪明、玩小伎俩，不信守承诺。归到陈天乙名下的生意日复一日地下滑，最终滑到了谷底——破产了。

陈嘉庚一向以孝顺为先，他早就看出了种种败落的伏笔，可大政是父亲定的，而且涉及自己的二妈和异母兄弟，这其中有着太多的利益纠葛、太多纷杂的利害关系。因此，除了像老黄牛一样闷头苦干，他什么都不能说，只能加倍努力把自己经营的生意做得更好，默默地苦撑。

然而一根柱子撑不起大厦，光是陈嘉庚名下商号的盈利解决不了根本问题。债主们把陈家的门槛都快踢烂了……

陈杞柏急火攻心，患上了白内障。一夜之间，他变成了一个沧桑的老人。他彻底离开了新加坡，回到了老家，想摆脱新加坡的一切。

陈嘉庚却没打算走。他闯出来了，怎么还能再回去？毕竟，对于想干一番事业的陈嘉庚来说，南洋有着更多的可能和机会。

正所谓"屋漏偏逢连阴雨"，本来就装着一肚子苦水，却又有噩耗传来。从小到大给了陈嘉庚无尽恩情和莫大教益的慈母病故了。

陈嘉庚返回祖国料理完母亲的后事，在哀痛中积蓄着力量。他回到新加坡后，毫无怨言地接过了父亲留下的摊子——那不是资产、财富，而是一堆乱七八糟的账目和一大笔债务。

那时的新加坡是英国的殖民地。英国的法律规定：父亲死亡或破产，他所欠下的各种债务，儿子完全不必理会。这与中国"父债子还"的习俗恰恰相反。也就是说，陈嘉庚完全可以依照当地的法律，不对父亲欠下的债务负任何责任。

出乎所有债权人和商界人士的意料，陈嘉庚向外界郑重承诺：他父亲留下的所有债务不会就此作罢，他"决代还清，以免遗憾"！

人们感佩陈嘉庚的人格，钦敬他的人品！所以，开始独立经营后，他得到了各路商家的热心帮助。按常理，其父刚刚破产，其子又是一个乳臭未干的孩子，是不会有人借钱给他的。可是，初出茅庐的陈嘉庚居然借到了作为启动资金的7000元大洋！他在南洋独立创业、独立拼搏的时代开始了。

陈嘉庚的米店开张了。

陈嘉庚的菠萝罐头工厂建成了。

陈嘉庚推出的"苏丹"牌菠萝罐头出厂了。

陈嘉庚的"苏丹"罐头成了名牌。它用料精致、质优价廉，连包装都那么时尚现代，犹如异军突起，畅销欧美许多发达的国家和地区。

赚到的钱，陈嘉庚会匀出一些，偿还父亲留下的部分债务，其余的都用于新项目的投资上。他一分钱都不肯乱花，依然艰苦朴素，像每个普通劳动者那样，吃番薯饭，穿粗布衣。他深知做好企业人心所向的重要性，因此他会善待每个职员。

他富有远见地在新加坡地皮非常便宜的时候投资了2500元，购置了500英亩土地，取名"福山园"，用来种植菠萝。这样，不但保证了他"苏丹"牌罐头的原料供应，还大大减少了每听罐头的成本。

正是这500英亩的"福山园"，为陈嘉庚未来声震海内外的大事业准备了肥沃的土壤，播下了神奇的种子。

他以聪慧的头脑、敏锐的目光，注意到了当时在新加坡还不被人们看好的橡胶工业，毅然于1905年"很傻"地花费了1800元巨资，从一位曾经种植橡胶树，后来不想再干的商人手里，买下了18万粒橡胶种子！陈嘉庚从小就跟着母亲下田，懂得有耕耘才会有收获、有播种才会有果实。他把18万粒橡胶种子，全都细心地播种到了500英亩辽阔的"福山园"中！

很早很早以前，南美的印第安人在丛林中发现了一种树，用刀砍到树干上就会持续地流出乳白色的汁液，而那种汁液凝固后，既富有弹性，能随意弯曲，又无比结实耐磨！他们把那种乳白色的汁液称为"树流的泪"。正是这种"树流的泪"，才使人类发现了橡胶，从而有了防雨靴、防雨衣、弹跳力好的皮球、让车辆奔驰如飞的充气轮胎……橡胶成了"黑色黄金"。

陈嘉庚在新加坡那片他名下的土地上，为自己和祖国种下了18万棵绿色的橡胶树，它们日后通通成了让陈嘉庚财源滚滚的"摇钱树"！

后来人们再谈起"树流的泪"时，都说在南美的庄园里，橡胶树为那些牛马不如的割胶奴隶流泪，是悲伤的泪；在新加坡大片新开垦的土地上，橡胶树为那些没有远见、不善经营的种植者流泪，是苦涩的泪；而在陈嘉庚的"福山园"，橡胶树依然流泪，不但流，而且流得更多、更畅、更旺，只不过它们是在为陈嘉庚流高兴的泪水、收获的泪水、苦尽甘来喜庆的泪水。

第十四章
蔚蓝的大海托起"中国号"

风水轮流转，商机飘如风。

就在陈嘉庚已经拥有了4个菠萝罐头厂，"苏丹"牌罐头源源不断地畅销欧美时，他并没有完全沉浸在喜悦和得意之中。他发现，虽然客户总量在增加，但来自英国本土和巩固各殖民地的客商没有增加，反倒有减少的迹象。以前欧美的客商到他的罐头厂订货时，只看产品，不看生产线，但现在有的人看完了产品，还要去工厂看看生产环节。

陈嘉庚很快意识到一个问题：以前欧美发达国家没做罐头生产，是因为他们有很多别的产品，利润远比罐头大。可他们有着比新加坡更先进的加工设备、防腐技术和包装工艺，欧美的资本家们是不会甘心总是花钱从东南亚进口菠萝罐头的。一旦他们插手这个行业，中国人在新加坡开办的菠萝罐头企业，根本无法与之竞争。

果然，没过多久，大批欧美的菠萝罐头工厂纷纷上马开工，产品很快铺向市场。中国同行们的同类企业，很快便被欧美的罐头企业挤兑到夹缝之中。陈嘉庚的"苏丹"牌罐头成了唯一尚有微薄利润的产品。

由于这是陈嘉庚早就预见在先的事，他的企业已经及时转移了"阵地"。

1914年，第一次世界大战爆发。海上运输线、补给线很快成为交战双方大绞杀的重灾区。仅是德国巡洋舰EMD—EN号，就在印度洋上击沉了各国的几十艘商船，东南亚通往欧洲的海上运输急剧恶化，英国、荷兰等国家把它们散在世界各地的船只通通征调回国，用丁运送战争物资。对企业来说，原料运不进来、产品运不出去，出路只能是倒闭。

陈嘉庚审时度势后，做了超出常人的大胆决策：投资航运！

战火四起，很多船主因为海上运输太不安全，随时面临不可测的风险，纷纷想着放弃海上的行船运营。这时他们巴不得有人租用他们的船只，如此一来既可以坐收租金，船被打沉的话还有租船的人进行赔偿。而船舶的租金要远远低于和平时期，此时船舶海上运输的费用要比和平时期增长很多！

一低一高，从事海上运输的利润，其丰厚程度远非从前可比。

陈嘉庚经过周密的思考的布局，果断地租入载重1300吨的"万通号"和载重2500吨的"万达号"两艘远洋货轮。

民以食为天，战争使许多人有钱也买不到米。陈嘉庚租入的货轮，从越南、泰国等地运载稻谷到新加坡，在新加坡把米加工之后，再运往印度等地，其他客商则通过印度转运到欧美。陈嘉庚不但给千千万万陷入饥饿之中的人送去了福音，自己也获得了丰厚的利润。

租船投身航运，不仅让东南亚的很多稻谷运了出去，也使陈嘉庚自己的米厂和米店起死回生，那些在战争初期积压的大量白花花的稻米，迅速地变成了白花花的白银、金灿灿的黄金！

紧接着，陈嘉庚又向香港租了两艘货轮，专门为英国政府运送加工好的大型方木，目的地是伊朗和沙特阿拉伯之间的波斯湾，每月往返一次。去往波斯湾的航线不是很远，这中间，陈嘉庚租用的这两艘货轮还见缝插针为其他雇主兼运别的货物。

一年下来，陈嘉庚租用船舶从事航运净盈利达20多万元，连同其他生意所得，陈嘉庚获得了40多万元的收入！

没有非凡的气魄，谁也不敢在战争期间租船搞航运，因为风险太大了。可是，正因为风险大，利润才大。

租船给陈嘉庚的船主们，看陈嘉庚一年之中赚了个盆满钵满，都红了眼。当租期到了后，有的船主提出增加租金，有的要自己干。

陈嘉庚再次做出惊人之举：自己花30万元，购买了一艘吨位高达3000吨的"东丰号"货轮！这是一艘载重大、航速快、时尚先进的货轮。它是陈嘉庚自己的船，一个中国人自己的船！从前，浩瀚的大海上往来穿梭着各种各样的轮船，没有一艘是在中国人名下的，而"东丰号"让所有心系祖国的中国人看见就觉得扬眉吐气！

轮船的名字像人的名字一样，是轻易不会更改的，更何况"东丰号"已经很有名气了。所以陈嘉庚把它买下来之后，依然叫它"东丰号"。然而每当它乘风破浪航行在大海上的时候，船上的中国船员总是自豪地称它为"中国号"。

蔚蓝色的大海，托起了威风凛凛的"中国号"！

第二年，陈嘉庚又花42万元购置了一艘吨位更大的"谦泰号"。参战国之间互相攻击摧残，使海上运输遭到极大的损失和破坏，在陈嘉庚先后购置了两艘货轮之后，世界航运的船只已经非常缺乏。物以稀为贵，贵者就会卖出好价钱。陈嘉庚再次审时度势，灵活机动地把握航向、调整战略。这回，他一改两年来自己租船、买船搞航运的经营策略，反过来自己当船主——他把两艘货轮统统租给了急需船只的法国政府，坐收红利，每个月租金高达12万！

风险大，利润大，反过来也一样：利润大，风险也大。陈嘉庚没有被成功冲昏头脑，没有被白花花的银子、金灿灿的金条弄花眼睛。他时刻提醒着自己：这是在战争期间从事的一项非常危险的工作，谁也保证不了炮火在哪一天往哪片海域上打，因此他给自己花钱购买的两艘货轮，通通上了保险！

在当时，国人中几乎没有人具有那样前卫的现代经营意识——给自己的财产购买保险。特别是在战争期间，由于海上运输的风险极大，因此西方保险公司在给货轮保险时，收取的保险费非常高。很多人劝陈嘉庚不要再花大笔钱给货轮上保险了。陈嘉庚知道劝他的人都是好意，很领情，但却不为所动，他懂得：只有防患于未然，才能在灾难降临时让自己立于不败之地。给货轮上保险的钱，再多也得花。上保险，就是让自己拥有了一条击不穿的底线。

真是天有不测风云，而早有准备的人有福了！就在第一次世界大战快到尾声时，"东丰号"在地中海被德国军舰击沉。没过多久，"谦泰号"也遭受了同样的命运。

如果当初陈嘉庚不给两艘货轮上保险，这巨大的损失通通要由他自己承担。而现在，他不但没有受到损失，反而赚了——他拿到了120万元的保险赔偿金！这个数目，远远多于他当初购买这两艘货轮时所花费的钱！

陈嘉庚审时度势，果断地结束了航运经营。他在几年的时间里，在华人中第一个竖起航运的大旗，得到了丰厚的回报。那都是凭智慧、果敢和非凡的气魄获得的利润。

第十五章
旗帜高高飘扬

　　在第一次世界大战的炮火硝烟中，在航运的船舶面对着无数惊涛骇浪中，陈嘉庚一边殚精竭虑地主持着各种生意运转，一边悄悄地做着一件事：替父还债。在生意越来越难做的日子里，那些因陈嘉庚主动找上门来拿到钱的人，简直不敢相信还有这样的事，还有陈嘉庚这样的人！

　　陈嘉庚凭他的人格魅力，凭他多年在新加坡商界树立的崇高信誉，以及他在商海中搏风击浪的智慧和能力，彻底改变了自父亲破产以来窘迫的经济状况。他现在完全有能力清偿父亲留下的债务了，可以彻底兑现"替父还债"的承诺了。

可是，时过境迁多年，激荡的时势改变了很多事。当年的债主们，有的不做生意了，有的甚至已经离开了新加坡。其实很多债主早已没有了索要那些欠款的打算，他们只是将陈嘉庚当初的承诺，看作是"精神可嘉"而已。

陈嘉庚一封一封地写信向外邮寄。他还让出差去各地谈生意的员工，打听着原来债主们的信息。陈嘉庚通过各种各样的方式，用现金、物件、生意合作等方式将当年父亲欠下的所有债务，彻底还清。

人们在陈嘉庚的身上，看到了什么是忠厚、诚信与担当，看到了什么是中华民族优秀传统文化倡导的"义利观"。他在《南洋回忆录》中写道："对于轻金钱，重义务，诚信果毅、嫉恶好善、爱乡爱国诸点，尤所服膺向往，而自愧未能达其万一，深愿与国人共勉之也。"

无债一身轻。陈嘉庚又可以无忧、无愧地做他一直想做的大事了，那就是为祖国办教育！他身在海外，心却时时刻刻系于祖国——要想让中国摆脱愚昧、落后、贫弱，就得让尽可能多的中国儿童、青年受到良好的教育！

新加坡人口有一半以上是华人，陈嘉庚先后在新加坡创办了道南学堂、南洋华侨中学、水产航海学校、南洋师范、南侨女子中学，让所在地的华人子女都有了接受教育的机会。

而在他的故乡集美，自第一所学校"惕斋学塾"建立之后，陆续由他出资创办了多所学校，其中包括幼儿园、男女小学、男女中学、男女师范等。他深感中国教育落后、师资匮乏，因此特别注重师范类院校的建设，他先后开办的师范学校有女师、高师、高中师范科、普师、简师、幼师、乡师等。这些学校招收贫苦子弟入学，膳宿均由学校负责，并给学生发被子、蚊帐等生活用品。

1921年，陈嘉庚创办厦门大学，高薪聘请国内外一流的师资，设文、理、法、商、教育等5个分院、17个系，使厦门大学成为一颗镶嵌在中国南方的璀璨明珠！

在集美校园区，还设有图书馆、科学馆、体育馆、医院、自来水塔、电灯厂、钟楼、美术馆、教育推广部……

特别令后人感佩的是，陈嘉庚在那时就富有远见地创办了水产、航海、商业、农林等一系列专业技术院校。少年时的陈嘉庚就目睹了这样的情景：中国有辽阔的海域，却很少有航运、渔业、船舶、海事方面的人才。而西方列强因为有坚船利炮，居然可以大摇大摆地横行于中国的内海和江河。这一切，都让陈嘉庚下定决心要办一个和大海有关的学校。于是，他排除千难万难，四处礼聘师资、专家，于1920年在集美学校内增设"水产科"，1927年春便正式成立"集美高级

水产航海学校",1935年改名为"私立集美高级水产航海职业学校"。就是这所与大海息息相关的专业学校,于几十年后的1978年冬,经国务院批准,升格为"集美航海专科学校";1989年5月,又经国家教委批准升格为"集美航海学院"。在半个多世纪的岁月里,陈嘉庚创办的这所海洋学校培养了7000多名毕业生,他们的足迹遍及五大洲的100多个国家和地区的400多个港口,因而有"航海家的摇篮"之誉。

1919年4月,陈嘉庚决定把在新加坡价值数百万元的不动产,全部捐作集美学校的永久基金。海外企业交给小弟陈敬贤经营,企业的收入除分利和扩大生产的费用外,全部汇回国内办教育。著名的教育家黄炎培当年感慨万千地说:"发了财的人肯拿出全部的钱用来办教育的,只有陈先生!"

昔日贫穷落后、名不见经传的小渔村集美,因陈嘉庚多年鼎力办学,成了一座焕然一新、蜚声海内外的"集美学村"。集美,600多年前就有了这个有诗意的村名,可是几百年里它一直默默无闻,直到陈嘉庚让它变成了一个"学校村",才开始被叫响。

陈嘉庚所做的一切,都源于一个朴实的动因:他爱自己的祖国!他希望自己的祖国强大、繁荣起来,在世界民族之林中骄傲地抬起头来!

陈嘉庚从来都不是为经商而经商、为赚钱而赚钱。

1910年，他参加了孙中山领导的同盟会，积极募集款项、物资，大力支持旨在推翻腐朽无能的清王朝的革命。

抗日战争期间，陈嘉庚组织南洋各属华侨筹赈祖国难民总会（简称南侨总会），并被选为主席，领导华侨投身祖国抗日救亡的伟大事业中，号召海外华侨捐款支援祖国抗战。他身先士卒、带头慷慨解囊，献出几十万元巨资。在他的带动下南洋华侨一次便向中国空军捐献130多万元，可购十余架飞机。1940年3月，他亲自率领南洋华侨回国慰劳视察团回国，视察各战区，走访重庆、延安等地，不畏强暴，坚持真理，公正地向世界宣传中国共产党抗日民族统一战线的主张，宣传中国共产党所领导的八路军、新四军在敌后浴血奋战的功绩。

抗日战争胜利后，他号召海外华人明辨是非，创办《南侨日报》，从事爱国民主活动，还亲自撰写大量文章，告诉人们真正能够拯救中国的，唯有中国共产党和它所领导的人民军队！

1949年，在中华人民共和国即将成立之时，陈嘉庚欣然接受了中国共产党的邀请，回国参加了全国政协第一届会议，并于1952年2月回国定居，历任中央人民政府委员、华侨事

务委员会委员、归国华侨联合会主席，先后当选为全国人民代表大会常务委员、全国政协副主席等职，直接参议国事。晚年，他仍不辞劳苦地到祖国各地视察，致力于社会主义建设事业，并对推动华侨爱国大团结、支持祖国和家乡建设起到了积极作用。他在临终时仍惦记着祖国的宝岛台湾，念念不忘实现中华民族的统一大业。

1961年8月12日，德高望重、蜚声海内外的陈嘉庚先生在北京病逝，终年87岁。国家给予陈嘉庚先生国葬的哀荣，首都2000多人举行公祭陈嘉庚先生大会，周恩来、朱德、陈毅等多位党和国家领导人出席了陈嘉庚先生的葬礼。毛泽东特地敬献花圈，并且专门为他题词："华侨旗帜，民族光辉"。

为祖国尽心、为人民尽力、为人类文明进步做出卓越贡献的人，永远活在人们的心中。虽然陈嘉庚先生已经去世多年，可这面告慰先人、昭示后人的华侨旗帜，依然在华夏大地的上空高高飘扬！